걱정끄기연습

마음의 활기를 되찾아 줄 뇌과학 수업

걱정 끄기 연습

가토 토시노리 지음

이소담 옮김

내 뇌는 어떤 습관을 가지고 있을까?

①		아이디어를 내거나 기획을 잘 세운다
		우선순위를 빨리 정하는 편이다
		장래 꿈이나 비전이 뚜렷하다
②		비교적 분위기를 잘 파악하는 편이다
		인간을 관찰하기 좋아한다
		방 정리 정돈을 잘한다
③		드라마나 영화를 보고 금방 울거나 웃는다
		매일 두근거리는 일이 많다고 생각한다
		이야기 속 주인공에게 쉽게 감정 이입한다
④		문장을 쓰거나 설명하는 일을 잘한다
		혼자 있는 것보다 친구와 놀러 가는 것이 좋다
		내 마음에 든 것을 남에게 알려 주고 싶다
⑤		손재주가 좋은 편이다
		오래 걸어도 힘들지 않다. 오히려 좋다
		휴일에는 집에 있기보다 밖에 나가고 싶다
⑥		그림을 잘 그린다
		미술관이나 박물관을 구경하는 것이 좋다
		길을 걸으며 사람과 잘 부딪히지 않는다
⑦		음악이나 라디오를 즐겨 듣는다
		수업을 듣고 금방 이해한다
		강연이나 연설을 듣는 것이 괴롭지 않다
⑧		일기를 쓰는 습관이 있다
		카드 짝 맞추기 게임을 잘한다
		다른 사람에게 배운 것을 능숙하게 재현한다

▶ **결과**

①이 많은 사람 → 사고계 뇌번지 　　⑤가 많은 사람 → 운동계 뇌번지
②가 많은 사람 → 이해계 뇌번지 　　⑥이 많은 사람 → 시각계 뇌번지
③이 많은 사람 → 감정계 뇌번지 　　⑦이 많은 사람 → 청각계 뇌번지
④가 많은 사람 → 전달계 뇌번지 　　⑧이 많은 사람 → 기억계 뇌번지

언제까지 걱정으로
인생을 낭비할 것인가!

걱정이란 무엇일까? 사전적 의미로는 안심이 되지 않고 속을 태우는 상태를 말한다.

그럼 우리는 왜 걱정을 할까? 사실 우리가 계속 걱정을 하는 것은 집착 때문일 때가 많다. 집착이란 무언가에 마음을 깊이 사로잡혀 줄곧 떠나지 못하는 상태를 말하는데, 돈이나 사람, 과거에 벌어졌던 사건, 혹은 아직 일어나지 않은 일에 대한 염려 등을 계속 생각하는 것이다. 이런 집착들이 나아가 걱정이 된다.

- 상사한테 들은 기분 나쁜 말이 자꾸 생각나서 고민이다.
- 헤어진 연인이 자꾸만 생각나고 이대로 계속 잊지 못할까 봐 걱정된다.
- 한 푼이라도 손해 보기 싫고, 남이 이익을 보면 질투심을 느끼는 성격이 염려된다.
- 스마트폰을 손에서 놓지 못하겠고, 들고 있지 않으면 불안해지는 내가 괜찮을까 고민이다.
- 아이가 하루 종일 게임만 해서 너무 걱정이다.

어떤가? 누구나 적어도 한 번쯤은 이런 경험이 있거나 비슷한 상황에 처해 본 적이 있지 않은가?

가끔 무언가 걱정을 시작하면 집착이 과해 지치기도 하고, 에너지를 다 빼앗겨 진이 빠진 것 같을 때도 생긴다. 그런데 '뇌 작용'이라는 관점에서 보면, 사실 이처럼 어떤 한 가지에 집중하고 집착할 때 뇌는 아주 편안한 상태이다.

무언가 한 가지에 집착하면 뇌는 점차 그 대상을 생각하거나 행동할 때 효율적으로 작동하도록 변한다. 효율적이라는 말은 곧 편안하다는 뜻이기도 하다. 그러므로 편안해진 뇌는 그 사고(思考)나 행동을 반복한다. 이를 내버려 두면 편안한 사고회로가 점차 강해지므로 가만히 있어도 계속 집착하고,

나아가 걱정이 꼬리에 꼬리를 무는 체계가 뇌 속에 만들어지고, 자리 잡는다.

'스마트폰 중독'이라는 말을 들어 본 적이 있을 것이다. 이 역시 뇌의 집착과 같은 체계이다. 다행인 점은 뇌에 새로운 자극을 주어 자꾸 새로운 방법으로 움직이도록 바꾸면, 걱정과 집착에서 벗어날 수 있다는 사실이다.

나는 뇌 전문의로서 30년 넘게 1만 명 이상의 뇌MRI 영상을 분석했고, 임상 현장에서 진단과 치료를 하며 뇌의 작용을 연구했다. 이 책의 목표는 지금까지 경험을 바탕으로 걱정과 집착에서 벗어나는 구체적인 방법을 설명하는 것이다.

뇌는 기능에 따라 8개의 뇌번지로 분류할 수 있다. 우리가 흔히 겪는 집착과 걱정의 예시들을 바탕으로 어떤 뇌번지에 문제가 있고, 또 어떤 뇌번지를 훈련하면 좋은지 구체적으로 설명하려고 한다.

솔직하게 말해 걱정을 아예 없애는 것은 불가능하다. 사람이 살아 있는 한 뇌는 무언가 걱정하는 쪽으로 작용하기 때문이다. 일상에 지장이 생기는 나쁜 집착을 없애고, 건강하고 건설적으로 살아가기 위한 좋은 집착으로 바꾸는 것이 중요한 이유이다.

나쁜 집착에 사로잡혀 평생을 걱정만 하며 살 것인가, 아니면 좋은 집착으로 바꾸어 긍정적인 인생을 걸어갈 것인가? 누구에게나 자신이 어느 인생을 걸을지 스스로 선택할 힘이 있다. 이 책을 통해 뇌 사용법 하나만 바꾸면 당신의 인생도 바꿀 수 있다.

부디 여러분의 뇌를 좋은 방향으로 성장시켜 즐거운 인생을 살아가기를 바란다.

가토 토시노리

차례

1장

"왜 우리는 걱정이 많을까?"

걱정 끄기 연습 1 ◦ 집착 깨닫기

2장

"어떻게 해야 괴롭지 않을까?"

걱정 끄기 연습 2 ☀ 좋은 집착 키우기

3장

"어디서 걱정이 생겨날까?"

걱정 끄기 연습 3 ☀ 8가지 뇌번지 체크하기

4장

"어떻게 해야 걱정을 버릴까?"

걱정 끄기 연습 4 ◦ 36가지 뇌 사용법

"왜 우리는 걱정이 많을까?"

걱정 끄기 연습 1 ❋ 집착 깨닫기

격정 없는 인생을 바라지 말고
격정에 물들지 않는 연습을 하라.

—

알랭 바디우 Alain Badiou

우리가 같은 걱정을
계속하는 건
다 뇌 때문이라고?

인간의 걱정은 어디에서 만들어질까? 걱정을 반복한다는 것은 과연 어떤 상황을 말할까? 나는 '뇌의 집착하는 성향'으로 '집착이 걱정을 유발하는 현상'을 설명할 수 있다고 자신한다.

인간의 뇌는 이 세상에 태어난 순간부터 계속 성장한다. 태어난 이후 무언가 보고 듣고 느낀 경험은 전부다 뇌 속에 정보로 입력되고 처리된다.

다만 우리의 마음은 정보를 '선택'해서 파악하는 성질을 지녔기에 뇌 속에 축적된 경험의 일부분만 떠올릴 수 있다. 뇌를 전체라고 치면, 마음은 뇌 속에서 일어난 작은 부분에 불과하다. 그러나 이 마음이 뇌 속의 아주 작은 경험의 일부에만 관심을 기울이고 끄집어내서 수없이 같은 생각을 반복하게 한다.

'회사 상사, 뭔데 저렇게 짜증 나게 하지.'
'그때 먹은 케이크 진짜 맛있었는데…. 또 먹고 싶다.'

이런 생각들을 계속 반복하고 있다면, 이것이 바로 집착하는 상태이다.

살아 있는 한
사람은 집착한다

우리의 뇌에는 매일 새로운 경험이 쌓인다. 그런데 마음은 자기가 얻고 싶은 정보에만 계속해서 관심을 기울이고 선택한다.

스마트폰으로 인터넷 뉴스 사이트를 보다가 친구에게 "어제 우리나라 대표팀이 축구 경기 이겼대"라고 말할 때가 있다. 사실은 그 사이트 안에 있던 정치나 경제와 관련한 기사의 제목도 눈에 들어왔을 텐데, 자기가 얻고 싶은 정보만 선택적으로 수집한 결과이다.

이런 현상을 두고 집착을 수집한 상태라고 바꾸어 말할 수 있다. 만약 이렇게 쌓인 집착이 나쁜 집착이라면 이것이 바로 걱정이 쌓이는 지름길이 된다.

우리가 '걱정을 버리고' 싶다면 우선 '뇌의 집착'이 무엇인지, 왜 생기는지, 어떻게 바꿀 수 있는지 알아야 한다.

KEY Point —————————————————————
당신의 '걱정'은 사실 '집착' 때문이다.

※ ※ ※ ※

뇌는 왜
편안한 것만
좋아할까?

인간의 기억은 아주 단순한 구조이다. 이는 뇌가 성장하기 위한 학습 과정과 깊은 연관이 있다.

예를 들어, 어떤 게임을 처음 접한 사람은 이 게임을 어떻게 조작하는지 모른다. 그러나 유사 퀘스트를 자꾸 반복하다 보면 요령을 익히게 되고, 오래 지나지 않아 손쉽게 게임을 할 수 있게 된다. 익숙해지면 신경 세포를 거의 사용하지 않고도 편하게 게임을 즐길 수 있다. 이것이 뇌가 성장하면서 편해지는 '학습 과정'이다.

이 학습 과정은 뇌의 집착 체계와 직접 연결된다. 새로운 경험을 하면 인간의 신경 세포는 아직 어느 부분을 써야 알맞은지 모르는 상태이다. 이때 불필요하게 혈류 흐름을 높여 에너지를 대량 소비하게 되지만, 소비량에 비해 얻는 성과는 한정적이고 비효율적이다. 이 비효율을 견디지 못하면 경험은 습관이 되지 않는다.

만약 이 비효율을 견디며 계속하다 보면, 신경 세포가 뇌 속의 어느 부위를 써야 하는지 분명하게 학습한다. 써야 하는 부위를 정하면 뇌의 혈류 흐름을 높이지 않아도 성과를 내게 되고, 신경 세포의 에너지 소비 효율도 극적으로 좋아지는 것이다. 이 뛰어난 효율에 쾌감을 얻으면 경험은 자연스럽게 습관화된다.

학습하는 과정의 뇌는 산소를 과소비해 에너지를 낭비하지 않으려고 단순화하는 구조가 작동한다. 아무리 새로운 일을 경험해도 이 단순화 구조가 우선 작용하고, 일단 체계가 성립한 일은 반복하고 싶어지면서 점차 편하게 해내게 된다. 편하다고 느꼈다면 그 일을 계속하고 싶어지는 건 당연한 결과다.

예를 들어, 몸을 많이 움직여야 하는 자동차 정비업자를 직업으로 삼은 사람은 갑자기 내내 앉아 있어야 하는 사무직 업무를 하려고 하지 않는다. 뇌의 단순화 구조가 이미 자동차를 정비할 때를 위해 완성되어 있으므로, 그 일을 해야 편하게 작업한다는 걸 아는 것이다.

편하기만 하다면
옳고 그름을 따지지 않는다

우리 뇌는 평생 이런 학습을 끊임없이 반복한다. 사람이 어떤 것에 집착할 때도 완벽하게 똑같은 과정을 거친다. 무언가에 집착할 때 좋은 것이라든가 나쁜 것이라는 사실은 전혀 문제가 되지 않는다.

사람의 뇌는 '작용하기 편한가, 편하지 않은가'의 기준으로 집착할 대상을 발견한다. 뇌가 편하게 작용하는 일이라면 그것이 좋고 나쁨에 상관없이 어떤 일이든 자연스럽게 계속한다는 뜻이다. 선악은 어디까지나 나중에 붙인 판단 기준이다. 아이가 나쁜 말을 즐겨 사용할 때, 부모에게 "다른 사람에게 상처 주는 못된 말은 하면 안 돼"라고 배워야만 비로소 나쁜 말인 것을 인지하는 것과 같다.

선악과 관계가 없으므로 집착의 대상은 무궁무진하다. 어떤 사람을 암살하라고 지시를 내린 권력자는 점점 정도가 심해져서 나중에는 제노사이드(genocide, 공동사회나 민족을 멸망으로 몰아가는 수준의 대량 학살)도 아무렇지 않게 지시하기도 한다. 권력자가 한번 손에 쥔 권력을 놓지 않으려 드는 것도 권력을 계속 움켜쥐어야 자기 뇌가 편하기 때문이다. 테러나 쿠데타, 경제 위기 같은 외적인 자극이 없는 한 권력자는 영원히 권력에 집착하게 될 것이다.

과거에 가정폭력을 경험한 사람이 항상 움찔움찔 떠는 것도 일종의 뇌의 집착이다. 폭력에 노출된 과거 경험이 뇌의 하수 경험을 기구치어 께지 띠을니세 하기에, 무슨 일이 생길 때마다 '누가 나를 때리지 않을까?'라는 공포심과 걱정을 반복하게 되는 것이다.

전부 좋은 일은 아니다. 이처럼 뇌는 편하게 작용할 수만 있다면 어떤 반복이든 계속하려고 만반의 준비를 한 상태라는 사실을 먼저 인지하자.

KEY Point ───────────────────────
뇌는 언제나 '편한가, 편하지 않은가'를 기준으로 작동한다.

왜 헤어질 때
들은 말을
계속 잊을 수 없을까?

앞서 설명한 바와 같이 인간의 기억은 집착을 만든다. 태어난 이후 경험한 모든 일은 빠짐없이 뇌에 입력되고 지울 수 없다. 기억을 지울 수 없기에 살아 있는 한 기억에 의지해 계속 집착하게 된다.

다만 사람에 따라 자기에게 맞는 기억법이나 능숙도가 다르고, 집착하는 방식도 이 기억법에 좌우된다. 예를 들어, 다른 사람의 이야기를 듣고 기억하는 걸 잘하는 사람은 남에게 들은 이야기에 집착하는 것이다.

"헤어질 때 그 사람이 한 말을 도저히 못 잊겠어요."

"부모님이 이런 일만은 하지 말라고 하셨거든요? 그래서 어른이 된 지금도 그건 못 하겠더라고요."

이런 말은 청각으로 상황을 포착하는 능력이 뛰어나다는 증거이다. 나는 남에게 들은 이야기를 잘 기억하지 못하는데, 대신 뭔가로 치환해서 기억에 붙들어 두려고 한다. 논문을 쓰거나 지금처럼 책을 쓰는 것도 기억을 사물로 치환한 덕분이다.

기억을 사물로 바꾸다 보니 어떤 물건을 버리기까지 시간이 아주 오래 걸리곤 한다. 예를 들어, 초등학교 1학년 때 산 필통을 아주 오래 썼는데 지금도 버리지 못하고 본가에 보관해 두었을 정도이다. 즉, 물건을 소장하는 것에 집착하는 것이다.

육체를 쓰는 운동 기억이 뛰어난 사람은 남들보다 몇 배 더 몸을 움직이는 것에 연연한다. "매일 아침 6시가 되면 비가 오든 강풍이 불든 달리러 나가야만 직성이 풀려요"와 같이 말하는 사람은 '매일 아침 달리기'라는 집착을 확립한 것이다.

사람에 따라 집착 대상이 쉽게 변하기도 하고, 오랫동안 같은 대상에 집착하기도 한다. 개인차가 있기는 하지만, 인생을 살며 다양한 경험을 하다 보면 대체로 집착의 대상이 변화하는 게 일반적이다. 우리는 지금부터 이 부분에 주목해야 한다.

KEY Point ─────────────────────────
잊을 수 없는 기억을 버리는 가장 확실한 방법은 '다양한 경험'에 있다.

※ ※ ※ ※
여자의 뇌와
남자의 뇌는
다르다

"집착에 여성과 남성의 차이가 있나요?"

상담을 하다 보면 굉장히 자주 듣는 질문이다. 일반론으로 말하면, 사실 남녀에 차이가 있다.

예를 들어, 회사에 영 불편한 사람이 있다고 호소하는 남녀가 있다고 가정해 보자. 그들이 품은 고민은 불편한 사람의 존재라는 걸로 똑같은데, 집착하는 내용은 종종 다르다. 여성은 "그때 그 사람이 나한테 진짜 심한 소리를 했어요"라며 청각에 집착하는 경향이 두드러진다. 어디까지나 상대가 입으로 한 '말' 자체를 신경 쓰는 것이다. 남성은 조금 싫은 소리를 들어도 별로 개의치 않는데, 그런 소리를 '듣고 싶지 않은 사람'에게서 들으면 참지 못한다. 남성은 시각에 집착하기 때문이다.

"그 인간은 그렇게 대단한 일을 하는 것도 아닌 주제에 나보다 잘난 척한다니까요?"
"내 직책이 더 높은데 도무지 날 받쳐 주지 않아요."

남성은 이렇게 서열이나 상대방의 태도, 행동거지를 중요하게 생각하는 특징이 있다. 술자리에 갈 때도 어디가 상석이고 말석인지, A에게 먼저 인사해야 할지 B에게 먼저 인사해야 할지 같은 사안에 집착하는 쪽은 여성보다는 남성에 더 많다.

청각계가 약한 사람(대체로 남성)은 들은 말에 집착하기 어렵고, 시각계가 약한 사람(대체로 여성)은 입장이나 상하관계에 집착하기 어려운 경향이 강하다.

뇌는 잘하는 쪽에 집착하고, 그것을 패턴화한다. 반대로 잘하지 못하는 쪽은 집착하기도 어렵다. 물론 뇌도 사람에 따라 다르므로 세상의 모든 남녀가 똑같은 패턴을 가진다고 단정할 수는 없다.

집착하지 않는 뇌, 나아가 걱정하지 않는 뇌를 갖고 싶다면 가장 먼저 자신이 어떤 패턴인지 아는 게 중요하다. 이 책의 가장 앞부분에 실린 체크리스트로 자신의 뇌 패턴을 한번 확인해 보길 바란다.

KEY Point ─────────────────────────────

걱정하지 않는 뇌를 만들려면, 내 뇌가 잘하는 것과 못하는 것이 무엇인지 알아야 한다.

꼰대들은
왜 꼰대가
되었을까?

뇌의 관점에서 보면, 모든 인간은 집착 덩어리이다. 다만 대부분 자신이 무엇에 집착하는지 깨닫지 못하고 매일 평범하게 살아갈 뿐이다. 이 집착 때문에 자기 인생을 점점 곤란해지는 쪽으로 선택하면서도 전혀 자각하지 못한다.

세상에는 '고집불통 꼰대'라고 불리는 사람들이 있다. 꼰대들은 남의 말을 듣지 않고, 자기주장만 밀어붙이며, 다른 사람을 편견 어린 눈으로 보고, 자기 잘못을 인정하지 않는다는 공통점이 있다. 전부 "내가 무조건 옳다"라는 생각에 집착하기 때문이다.

이 점을 고치려면 남의 말을 잘 듣고, 들은 내용을 곱씹어 이해하고, 자기 생각을 바꾸려는 뇌 구조를 획득해야 한다. 하지만 본인은 자기 편견을 깨닫지 못하니 설령 누군가 지적해도 들은 척도 하지 않게 된다. 그러니 언제나 똑같은 일을 반복하는 것이다.

고집불통 꼰대도 태어나면서부터 고집불통은 아니었을 것이다. 살아온 환경에서 영향을 받아 자기 내면에서 자기만의 상식을 형성했기 때문에 고집스러운 사람이 된 것일 뿐이다.

칭찬받지 못한 사람은
남에게 엄격해진다

환경이 주는 영향은 절대 무시할 수 없을 만큼 크다. 어려서부터 가정 폭력을 당하거나 부모에게 칭찬받지 못하고 자란 아이는 '나는 살 가치가 없다'라는 생각에 빠지기 쉽다.

어른이 되어서도 스스로를 과소평가해 우울증에 빠지거나, 동료와 잘 어울리지 못하고, '나란 인간은 일도 제대로 못해'라고 자책하다가 직장을 그만두는 사람도 생긴다.

이런 사람들은 직장이나 주변의 실제 평가가 절대 낮지 않더라도 자기 스스로 압박감을 느낀다. 누군가에게 칭찬받는 것에 너무 큰 의미를 둔 나머지, 약간 주의를 들은 정도로 '나 따위는 쓸모도 없는 인간이야'라며 자포자기하기도 한다. 또한, 어려서 칭찬받지 못하고 자란 사람은 자신이 칭찬받은 경험이 없기에 타인을 칭찬할 줄 모르고, 무리하게 많은 요구를 하기 쉽다.

KEY Point

꼰대도 뇌의 관점을 바꿈으로써 달라질 수 있다.

집착 하나
깨달았을 뿐인데
인생이 편해진다

　고집불통 꼰대도, 자포자기에 빠진 사람도 제일 큰 원인은 '자기 집착을 전혀 깨닫지 못한 점'이다. 깨닫지 못하니까 집착에서 빠져나오지 못하는 것이다. 바꾸어 말하면, 무엇에 집착하는지 깨닫기만 해도 집착 대상에서 빠져나오고 걱정에서 벗어날 가능성이 있다는 소리다.

　막연하게 살기 힘들다고 생각하던 사람이 뇌 영상진단 외래에 찾아온 후 집착에서 해방된 사례가 적지 않다. 자기 뇌를 직접 확인하고 집착을 깨달은 덕분이다. 환자의 허가를 받아 일부를 소개한다.

A는 어린 시절 알코올 의존증인 아버지에게 가정 폭력을 당했고, 부모님이 이혼한 뒤에는 어머니와 둘이 살아서 아버지의 애정을 모른 채 자랐다고 말했다.

평소 어떤 좋은 일이 생겨도 곧바로 과거의 싫었던 경험이 떠올라서 솔직하게 기뻐하지 못했고, 사귀는 사람이 생겨도 자기도 모르게 먼저 멀어지려는 행동을 반복해서 걱정하고 있었다. 나는 고민하는 A에게 다음과 같이 말했다.

"A씨는 과거 기억이 지금 해야 할 일을 방해하는 상태입니다. A씨가 태어나고 자란 환경은 스스로 막거나 바꿀 순 없는 것이었죠. 다른 아버지를 선택할 수도 없고, 아버지의 기억을 지울 수도 없어요. 그러니 과거를 과거 그대로 받아들일 수밖에 없습니다. 스스로 어떻게 할 수 없는 과거 기억에 얽매여서 나는 행복해질 권리가 없다거나 가족을 가져선 안 된다고 생각할 필요는 없어요. A씨는 A씨 모습 그대로 행복해질 수 있습니다."

A는 내 말을 듣고 조금 마음이 편해졌다고 했다. 아버지에

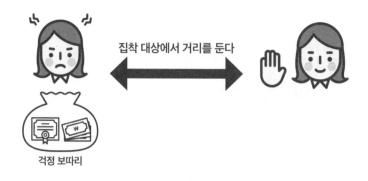

집착 대상에서 거리를 둔다

걱정 보따리

게 사랑받고 칭찬받는 일에 집착했다는 사실을 뇌MRI로 확인하고 나와의 상담을 통해 조언을 들음으로써 깨닫게 되자, 그렇게까지 칭찬을 갈구하지 않아도 된다고 생각이 바뀐 것이다.

우선 자신이 무언에 집착하는지 아는 것이 중요하다. 본인의 집착을 조금이라도 언어로 표현하게 되면 집착 대상에서 거리를 둘 수 있고, 걱정으로부터 한 발짝 더 멀어지게 될 것이다.

KEY Point

내가 무엇에 집착하는지 아는 일이 걱정 끄기 첫 번째 스텝이다.

※ ※ ※ ※

기대에 부응하려
애쓸 필요가
없는 이유

자기 집착을 깨닫기 어려운 사람 중에는 자신을 위해서가
아니라 타인을 위해 행동하는 것에 집착하는 경우도 많다.
이런 유형의 사람은 자신이 무엇을 하고 싶은지 잘 몰라서
타인에게 헌신하는 행동에 집착한다. 그렇게 타인에게 모든
것을 바친 결과, 본인은 피폐해지고 만다.

B와 상담을 진행할 때의 일이다. B는 삶이 잘 풀리지 않아
매일 괴로워하고 있었다. 자세히 이야기를 들어 보니 B는 주
변 사람의 기대에 부응해야 한다는 압박을 강하게 느끼는 사

람이었다.

"남편에게 좋은 아내가 되어야 해."
"아이에게 좋은 엄마가 되어야 해."
"시부모님과 양호한 관계를 이루어야 해."

남들이 기대하는 '바람직한 모습'에 부응하려는 마음이 강해져서 주변에 헌신해야 한다는 집착도 강해진 것이다. 이는 더 나아가 '기대에 부응하지 못하면 어떡하지?'라는 걱정으로 발전하게 된다.

타인을 기쁘게 하려면 한도가 없다

본인의 만족만을 생각하면 '이 정도 했으면 충분해', '이 이상은 바라지 않아'라고 한도를 설정할 수 있다. 한도를 설정하면 그것이 곧 목표가 되고, 목표를 어떤 식으로 달성하면 좋을지 생각하므로 뇌가 잘 작용한다.

타인을 기쁘게 하는 것만 생각하면 한도를 설정할 수 없다. 한도를 정하지 못하기에 아무리 노력해도 끝이 보이지 않는다. 그러니 당연히 "이렇게 노력했는데도 안 되는데 어쩌면 좋지?" 하고 걱정하게 되는 것이다. 오로지 타인에게 헌신하는 사람이 자기 집착을 깨닫지 못한다면 점점 피폐해진다. 특히 집착하는 대상이 아이나 부모, 배우자 등으로 늘어나면 늘어날수록 빠져나오기 어려워진다.

KEY Point ────────────────────────

나보다 타인을 중심에 두는 인생을 바꾸어야 걱정도 사라진다.

✻ ✻ ✻ ✻
아버지는 왜
똑같은 소리를
지겹게 반복할까?

　세상에는 과거의 경험을 수없이 반복해서 말하는 사람이 있다. 모두의 주변에 그런 사람이 한두 명은 있을 것이다. 같은 이야기를 반복하는 것은 자신이 과거에 겪은 특정 기억에 집착해서 그 기억만이 자꾸 되살아나기 쉬워진 상태가 되었기 때문이다.

　과거 기억에 집착해 같은 이야기를 반복하는 사람은 크게 두 종류로 나눌 수 있다. 과거를 질질 끌며 슬퍼하는 사람과 과거를 좋은 경험으로 살려 발전의 동기로 삼는 사람이다.

내 아버지도 똑같은 이야기를 수없이 반복하는 사람이었다. 어려서 심각하게 가난했던 아버지는 자식들에게 항상 입에 풀칠하는 것도 어려웠던 옛날이야기를 들려주었다. 특히 아버지가 5~6세 때, 현관문 앞까지 빚쟁이가 찾아와서 닦달했던 이야기를 자주 들었다. 그때 무서웠던 체험이 강렬했을 것이다. 술을 마시면 망가진 라디오처럼 같은 이야기를 반복했고, 몇 번을 반복해도 질리지 않았다.

전에는 아버지 이야기를 들을 때마다 '어지간히도 고통스러운 경험이었구나. 괴로운 기억을 잊지 못하시는 거야'라고 생각하며 안쓰러웠했다. 그 후, 뇌과학자의 입장에서 아버지의 일생을 분석하자, 조금 다르게 파악할 수 있겠다는 생각이 들었다.

아버지는 본인의 일과 일해서 번 돈을 저축하는 데 몹시 집착했는데, 아마 빚쟁이에게 들은 심한 말이 큰 충격이었기 때문일 것이다. 그 분통한 마음을 바탕으로 삼아 '어른이 되면 돈을 많이 모으겠다'라고 강렬하게 맹세하지 않았을까 짐작할 수 있는 것이다.

어려서 빈곤했던 충격이 큰 탓에 아버지는 근면 성실하게 살고, 배움에 힘쓰는 것을 행동의 근간으로 삼았다. 어쩌면 아버지는 자식들에게 같은 이야기를 들려줄 때마다 본인이 살아가기 위한 동기를 재확인했을지도 모른다.

실제로 아버지는 공부를 좋아했고, 다양한 것을 배우고 싶은 욕구를 감추지 않았다. 내게도 입버릇처럼 "지금 해야 할 일을 안 해서 기회를 놓치면 안 된다. 그러니까 공부를 소홀히 하지 마!"라고 말하곤 했다. 스스로에게도 "더 열심히 일해서 돈을 벌어야 해"라고 압박했다. 돈이 있으면 공부도 할 수 있다고 생각했기 때문이다. 즉, 과거의 집착을 살아가는 힘으로 바꾼 것이다.

아버지는 가난했던 과거를 슬퍼해 집착한 것이 아니라, 빈곤을 극복하는 것에 집착했다. 이 점을 고려하면, 과거의 똑같은 이야기를 수없이 반복하는 것이 꼭 나쁘다고 단언할 수는 없는 셈이다.

가족이나 친구들 중 같은 이야기를 반복하는 사람이 있어서 때로 짜증이 나더라도, 그것이 그 사람이 살아가는 힘이라고 생각하고 따뜻하게 지켜보면 어떨까?

KEY Point —————————————————————

과거에 집착하는 대신, 이를 좋은 경험으로 살려 발전의 동기로 삼자.

※ ※ ※ ※

요즘 사람은
자기 기분을
잘 모른다?

사람이나 사물에 집착해서 괴롭다면 이는 반드시 해결해야 할 문제이다. 그러나 한 가지 마음에 걸리는 문제가 있다. 바로 자기 집착을 깨닫지 못하는 것을 넘어 집착이 있는지 없는지도 모르는 둔감한 사람이 많다는 것이다.

현대인 중에는 자기 기분을 잘 모르는 사람이 많다. 자기 기분을 모르는 사람은 사귀는 상대를 100퍼센트 좋아하는지, 아니면 30퍼센트 좋아하는지조차 스스로 파악하지 못한다. 내 눈에 그들은 상대방을 정말로 좋아하는지 아닌지 잘 모르는 상태로 사귀기도 하고, 결혼도 하는 것처럼 보인다. 다른 사람 일에 상관하면 안 되겠지만, 저래도 괜찮을지 걱정이 될 정도이다.

왜 자기 기분을 모르는 사람이 늘어날까? 나는 사람과 사람의 교류가 적어진 것이 중요한 이유라고 본다. 사람은 다양한 사람과 교류하며 타인의 내면을 이렇게 저렇게 생각해 보는 경험을 통해 "나는 이렇게 생각해"라는 자기감정을 키워 나간다.

현대는 사람과 사람의 직접적인 교류가 줄어든 시대다. 인터넷 등장이 그런 경향을 가속했고, 코로나의 유행은 인간끼리 직접 접촉하는 기회 자체를 대폭 감소시켰다. 전에는 대면하는 일이 많았기에 두 사람이 한 사람을 동시에 사랑해 서로를 경쟁자로 의식하는 일들이 많았다. 이런 경험을 통해 '저 사람을 좋아해'처럼 감정을 확실하게 자각할 기회가 있었던 것이다. 지금은 인터넷 데이트 앱으로 교제 상대를 찾는 시대이다. 정말로 상대방을 좋아하는지 아닌지 잘 모르는 사람이 늘어나는 것도 당연하다.

자기 기분을 잘 모르는 사람이 늘어나는 증거로, 청년층에게 "내가 어떤 일을 하면 좋을지 모르겠다"라는 상담을 받는 일이 많아졌다. 지금의 청년층은 대다수가 어떤 일을 하고 싶고, 어떤 일이 잘 맞는지 전혀 모르는 채로 성장했다. 그 결과, 사회로 나갈 타이밍에 뭘 하면 좋을지 모르겠다는 걱정과 직면하게 된다.

뭘 하면 좋을지 모르겠다는 걱정은 집착할 곳을 찾지 못했다는 걱정이기도 하다. 다시 말해, 집착하지 못하는 자체가 심각한 걱정거리가 되는 것이다.

KEY Point

장래에 대한 걱정 역시 뇌의 집착 문제이다.

섬세한 사람이
많아져도 문제인
뇌과학적 이유

최근 몇 년간 서점에서 '섬세한 사람' 또는 '민감한 사람'을 주제로 한 책이 많이 보인다. 여기서 말하는 섬세하고 민감한 사람은 HSP 기질을 지닌 사람을 가리키는 말이다. HSP는 Highly Sensitive Person의 줄임말로, 원래 미국 심리학자 일레인 아론(Elaine Aron) 박사가 주장한 개념이다. '예민하고 공감을 잘하는 사람'을 말한다.

이런 사람은 약간의 자극에도 민감하게 반응하기에 스트레스에 취약하고 일상이 어려울 때도 잦다. 섬세한 사람이 급증하는 것도 뇌가 집착하지 못하는 문제와 연결된다.

섬세함은 자기감정보다 타인의 감정이 압도적으로 우위에 있는 감각이다. 성장 과정에서 '이건 타인의 감정', '이건 내 감정'이라고 잘 구분할 수 있으면 둘 사이에 차이가 생기지 않는다. 그러나 늘 남의 기분을 염려하고, 남이 날 어떻게 보는지 신경 쓰면 타인의 감정만 성장하고 자기감정이 자라지 못한다. 그 결과, 타인이 주는 자극을 견디지 못하고 움찔움찔하는 사람이 된다.

뇌는 애초에 남이 주는 자극에 반응을 잘 하는 구조이다. 이런 구조를 유지하지 않으면 학습을 하지 못하기 때문이다. 타인의 감정이 과도하게 우위에 서고 자기감정을 키우지 못한 사람은 '내가 뭘 하고 싶은가?'를 알지 못한다. 이런 종류의 '섬세한 사람'은 오히려 집착이 없어서 삶도 역시 어렵고 걱정과 스트레스를 떠안는다.

집착은 아예 없어도 살기 힘들다

자신이 스스로 섬세하다고 생각하는 사람은 삶이 힘들어

도 이 섬세함을 바탕으로 한 자기긍정감으로 이길 수 있을 것이라 생각한다. 섬세해서 괴로운데, 동시에 섬세한 자신에게 특별함을 느끼는 것이다.

정곡을 찌르자면, 스스로 섬세하다고 말하는 사람 중에 정말로 섬세한 사람은 적다. 본래 뇌 어딘가가 강하게 발달하지 않으면 섬세해지기도 어렵기 때문이다. 소리에 섬세한 사람은 소리 차이를 민감하게 구분하고, 시각 정보에 섬세한 사람은 미묘한 색감을 구분한다. 섬세하니까 더 진지하게 듣고 보려고 하기 때문이다.

간혹 스스로 섬세하다는 사람이 "시끄럽거든!" 하고 말하며 귀를 막거나, 남과 눈을 마주치는 게 어색해서 언제나 고개를 숙이는 모습을 볼 수 있는데, 이런 사람은 정보를 받아들이기 싫을 뿐이지 섬세함과는 다르다고 보아야 한다.

집착이라는 관점에서 말하면, 집착이 없다고 말하는 사람도 사실은 무언가에 집착하고 있다. 바로 '하고 싶은 것을 만들지 않는 것'에 집착하는 것이다. 자기실현을 이루려면 고생이 따르니, 이 고생을 피하려고 아무것도 안 하는 것에 집착하는 것이다.

일반적으로 집착은 나쁜 것이므로 없애는 편이 좋다고 여

긴다. 하지만 집착이 너무 없어도 삶이 고달파진다는 것을
이 기회에 알아 두면 좋겠다.

KEY Point ────────────────────────────────

집착이 무조건 나쁜 것만은 아니다.

치매를
예방하려면
'집착'해라

치매가 오면 지금 벌어진 사건에 뇌가 잘 반응하지 못해 일상적인 생활이 어려워지고, 산책하던 도중에 길을 잃어 집에 돌아가지 못하는 문제가 생긴다. 업무상 치매 환자와 대화할 때도 일상에 일어나는 사건에 대한 집중력이 흐리다는 사실을 느낀다. 흥미 없는 주제에 전혀 반응하지 않기 때문이다.

대부분 치매 환자는 어린 시절의 기억이나 젊었을 때 즐거웠던 추억을 기분 좋게 말한다. 병이 상당히 진행되어도 젊은 시절에 즐겨 듣던 음악이나 친구와 갔던 여행 이야기를 하면 환하게 웃는 사람이 많다.

나는 환자에게 기운을 주려고 최대한 옛 추억담을 듣고, 즐거웠던 이벤트를 떠올리게 하려고 노력한다. 즐거운 추억에 반응하는 모습을 보면 환자들이 즐거운 기억에 집착한다고 실감하게 된다. 동시에 과거의 즐거운 기억은 모든 것이 사라진 끝에도 남아 있는, 이 세상을 향한 마지막 집착일지도 모른다는 생각을 하기도 한다.

뇌과학적 관점에서 '집착이 흐려진다'란 '집착하지 못하는' 상태를 의미한다. 나이를 먹어 집착을 잃는다고 하면 걱정에서 해방된다고 여길지도 모르겠다. 하지만 집착이 사라지는 것은 현생을 향한 집착, 나아가 삶 자체를 향한 집착을 잃는다는 의미이기도 하다.

나이를 먹으면 집착하는 대상이 줄고, 집착한 것을 오래 유지하지 못하는 경우도 늘어난다. 예를 들어, 돈을 써서 즐겁게 생활하는 데 집착해서 열심히 돈을 모은 사람이 있다고 하자. 그러나 나이를 먹은 뒤 누워서 꼼짝하지 못하게 된다면 돈을 쓰고 싶어도 쓰지 못한다. 이처럼 나이를 먹으면 본인이 싫어도 어쩔 수 없이 집착을 잃는 경험도 많아질 수밖에 없다.

어느 정도 나이를 먹은 후에는 집착을 되찾아오려는 '의식'도 중요하다. 그냥 내버려 두면 집착은 봄눈처럼 차츰차츰 녹아 흘러간다. 그러니 집착을 붙들어 놓고, 이 세상을 살아갈 힘으로 바꾸려는 자세가 필요하다.

치매가 오는 게 싫고 점점 더 약해지기 싫은 고령자가 계산 문제를 풀거나 산책하는 것도 열심히 집착을 만드는 상태이다. 코로나가 한창 유행할 때 고령자도 대부분 백신을 맞았다는 보도가 있었다. 이것은 바로 생물로서 삶에 집착한다는 증거이다.

만약 스스로 집착을 만들기 어렵다면 곁에 있는 가족이 적절한 집착 대상을 만드는 데 도움을 주는 것이 좋다.

KEY Point ―――――――――――――――――――――――――
때로 '집착'은 삶을 살려는 '의지'가 된다.

2장

"어떻게 해야
괴롭지 않을까?"

걱정 끄기 연습 2 ☀ 좋은 집착 키우기

살면서 저지를 수 있는 가장 큰 실수는
실수할까 봐 끊임없이 걱정하는 것이다.

—

엘버트 허버드 Elbert Hubbard

☀ ☀ ☀ ☀
피할 수
없다면
즐겨라!

앞에서 설명했듯이, 우리의 뇌는 살아 있는 한 무언가에 집착하는 구조이다. 이 때문에 집착을 완전히 없애는 것은 불가능하다. 집착 때문에 걱정이 생기는데 이 집착을 없앨 수 없다면 도대체 우리는 '어떻게 해야 걱정 없는 삶을 살 수 있을까?'

집착을 0으로 만들진 못해도 특정한 대상을 향한 집착을 강화하거나 약화할 수 있고, 집착 대상을 다른 것으로 대체할 수 있다. 즉, 집착은 조절할 수 있다. 이 집착 조절법만 안다면 걱정을 끄는 것도 어려운 일이 아니게 된다.

학교 수업에서도 집착을 조절하는 방법을 알려주면 좋을 텐데 현실은 오로지 집착하는 방법만 가르친다. 학교는 학생들에게 교과서를 읽혀 새로운 지식을 배우게 하고, 시험을 통해 지식을 몸에 익혔는지만 확인한다.

이런 행위는 똑같은 뇌 사용 방식을 반복해서 강화한다는 의미에서 말 그대로 집착 훈련이다. 특정 분야에 흥미를 느끼고 공부하는 것도 그 분야에 집착하기 때문이다. 사회에 나온 후에도 특정 업계나 업종에서 일하면서 해당 분야를 향한 집착이 점점 깊어진다.

사람이 특정한 정치 사상이나 정당에 흥미를 느끼는 것도 같은 이유이다. 전문성을 지니고 특정 사상에 흥미를 품는 것은 자연스러운 흐름이므로, 이를 부정하거나 바꾸어야 한다는 것은 절대 아니다.

괴로운 이유는
사고 정지에 빠졌기에

집착에는 '좋은 집착'과 '나쁜 집착'이 있다. 좋은 집착을 하면 뇌의 작용이 차츰차츰 변화하고 순환한다. 나쁜 집착 대부분은 뇌의 작용이 같은 곳을 빙글빙글 돌다가 한쪽으로 치우치고 정체되어 결과적으로 정지하게 된다.

외국에서 일하겠다는 꿈을 실현하려고 영어 공부에 몰두하는 것은 좋은 집착의 예시다. 꿈을 이루기 위해 뇌가 계속 움직이고 점점 더 쉽게 작용한다. 과거의 괴로웠던 사건이나 싫은 사람의 발언을 떠올리고 괴로워하는 것은 나쁜 집착이다. 이렇게 괴로울 때는 사고 정지에 빠진 상태이므로 집착을 조절해야 한다.

집착에는 좋은 집착과 나쁜 집착이 있음을 우선 알아 둘 것, 다음으로 뇌의 작용이 점점 나아지는 좋은 집착을 가지려고 의식하는 것이 중요하다. 이것이 우리가 걱정을 끄기 위해 밟아야 할 두 번째 스텝이다.

KEY Point ─────────────────────────
집착을 피할 수 없다면, 좋은 집착을 키우자.

집착을
삶의 목표로
만들라니?

이제부터 예시를 들어 좋은 집착과 나쁜 집착을 설명해 보
겠다. 우선 좋은 집착에 관한 이야기다.

지금 원고를 쓰는 내 책상에는 생활 평론가이며 에세이스
트인 요시자와 히사코가 99세 때 보낸 엽서가 있다. 요시자
와는 101세까지 장수한 작가로, 생전에 왕성한 집필 활동을
했고 그 책들은 지금도 여전히 많은 독자의 사랑을 받는다.
　요시자와에게 엽서를 받은 것은 과거의 사건이다. 그러므

로 엽서를 다시 읽는 행위는 과거를 향한 집착이다. 그러나 엽서를 다시 읽는 행위를 통해 '요시자와 씨 같은 사람이 되고 싶다', '요시자와 씨처럼 책을 꾸준히 쓰고 싶다'라고 생각하며 내 삶을 새로이 바라보고 다짐하곤 한다. 삶의 목표가 되니 이 집착은 좋은 집착이다.

과거의 즐거웠던 사건이 타인의 기억을 계기로 떠오를 때도 있다. 얼마 전, 신문에서 내 칼럼을 읽었다는 85세 독자의 편지 한 통을 받았다. 내가 미국 미네소타대학교에서 연구했다는 기사를 읽고, 본인의 그리운 과거가 떠올랐다고 했다.

그 독자는 1970년대에 미네소타대학교의 병원에서 간호학을 공부한 경험이 있다고 밝혔다. 편지에는 미국 생활을 마치고 일본으로 돌아와 순조롭게 경력을 쌓았으며, 지금도 현역으로 영어 번역과 통역을 한다고 있다고 적혀 있었다.

아마 독자는 비슷한 경험을 한 내 글을 읽고 과거를 회상했을 것이다. 예전 경험을 다양하게 떠올리고, 앞으로도 일을 더 열심히 하겠다고 새롭게 마음먹었을 수도 있다. 이런 것들이 좋은 집착의 사례이다.

과거를 향해 좋은 집착을 품으려면 옛날 앨범이나 작문을 다시 살펴보는 것도 좋은데, 한 가지 추천하는 방법은 '좋은 추억'을 적어서 목록으로 만들어 두는 것이다.

　스트레스가 쌓였을 때 추억 목록을 보며 즐겁고 행복했던 기억을 떠올리면, 애쓰지 않아도 스트레스가 자연스럽게 풀릴 것이다.

KEY Point —————————————————————————
'좋은 추억'은 '좋은 집착'을 만드는 데 도움이 된다.

'나만의 기준'이 가장 중요한 이유

이번에는 나쁜 집착에 관한 이야기다. 나쁜 집착이란 과연 무엇일까? 한마디로 정의하자면, 타인의 기준에 의존하는 것이다.

일본에는 학력 높은 사람을 무조건 받드는 경향이 있다. 도쿄대학교 출신 정치가가 세금을 낭비하면, 낭비 자체보다 고학력만 언급하는 사람도 많을 정도이다. 이런 것들을 중요하게 생각하는 건 공허하고 비뚤어진 집착이다.

학력 이외에도 '돈이 많은 사람은 대단하다', '도시에 사는 사람은 대단하다'와 같은 식으로 타인의 기준을 무작정 추구하고 집착하는 경우가 많다. 이럴 때 타인의 기준에 끌려간다는 것을 깨달아야 한다. 이를 깨닫는 것이 좋은 집착을 다시 선택하기 위한 첫걸음이 된다.

종교에서는 집착에서 벗어나기 위한 다양한 모범 해답을 제시하는데, 가장 중요한 것은 자기 내면에 자신만의 종교를 세우는 것이다. 내 안에 종교를 세운다는 말의 의미는, 타인이 만든 가르침을 믿지 않고 나만의 기준을 세우고 스스로의 가르침을 믿는 것이다.

타인의 가르침을 빌리면 편하고, 나의 가르침을 믿으려면 불안하고 귀찮다. 누군가 "어떤 선생님의 강연을 들으면 마음이 편해지고 희망도 막 샘솟아"와 같이 말하는 것을 듣고 나도 그 강연에 기대고 싶어지는 것은 스스로 가르침을 생각해 내지 않아도 되는 편안함 때문이다.

타인의 가르침을 빌려 편하게 살려다 보면 어느덧 빌린 것을 모으는 데 집착하게 되고, 점점 더 타인에게 휘둘리게 된다. 빌린 것에 안심하지 말고 자기 스스로 좋은 집착을 선택하는 습관을 들이는 게 중요하다. 나도 종교를 통해 많은 가르침을 받기는 했지만, 최종적으로 나만의 종교를 세운 일이

"난 이걸로 할래!"

나쁜 집착에서 벗어나는 데 큰 도움이 되었다고 생각한다.

　다른 사람이 "그 옷을 입으니까 예뻐 보이네"와 같이 한 말을 듣고 본인의 의사와 상관없는 옷을 입기보다는, 직접 입어보고 내 몸에 편한 옷을 선택해야 패션을 더 즐길 수 있다.

　이와 마찬가지로 인생을 살면서도 자기 선택을 숭요하게 여기고 타인이 만든 평가 기준에 의존하지 않는 것이 나쁜 집착에서 멀어지고 걱정과도 멀어지는 가장 빠른 지름길이다.

　스스로 자유롭게 집착을 선택하면 뇌의 자립성이 높아진다. 뇌는 자립성이 높으면 높을수록 점점 더 성장하는 구조라는 것을 반드시 기억하자.

KEY Point ——————

내 기준에 따라 살면 뇌의 자립성이 높아진다.

※ ※ ※ ※
잠을 푹 자야
걱정도
사라진다

　뇌의 생리적인 구조에 반대되는 집착, 뇌에 큰 부담을 주는 집착도 대표적인 나쁜 집착이다. 과거에 나는 '잠을 줄여가며 노력하는 사람이 훌륭하다', '잠을 충분히 자는 사람은 게으른 사람이다'라는 잘못된 생각을 했었다. 수면 시간을 줄이는 데 집착하고, 장시간 활동할 수 있는 것에 우월감과 뭐든 다 할 수 있다는 자신감을 느꼈던 시기가 있었다. 물론 지금은 이 생각을 매우 후회한다.

현대 수면 뇌과학 관점에서 보면 수면을 줄이는 것은 크나큰 잘못이고 절대 해서는 안 되는 행위이다. 수면을 줄이면 뇌 작용이 저하한다는 사실은 데이터로도 밝혀졌다. 심지어 심장에 부담을 주어 부정맥이나 비만의 원인이 된다.

여전히 상당수 사람이 단시간 수면에 집착하는데, 나는 도중에 잘못을 깨닫고 생활 방식을 완전히 개선했다. 요즘은 밤 12시 전, 가능하면 11시쯤에 누워 7시간 이상 수면 시간을 확보하고, CPAP 장치도 활용한다.

CPAP란 코에 끼운 마스크로 공기를 들여보내 기도에 일정한 압력을 주는 치료법이다. 수면무호흡증후군으로 인한 산소포화도 저하를 방지하고 숙면을 높는 효과가 있다. 이런 방법들 덕분에 하루 내내 뇌 컨디션을 양호하게 유지한 상태로 일하게 되었다.

대뇌생리학이나 개일리듬(circadian rhythm, 매일 정해진 시각에 다양한 호르몬을 분비해 수면과 각성을 반복하는 신체 리듬. 서케이디안 리듬, 활동일주기, 일주기성이라고도 한다—옮긴이) 등 자연을 거스르는 일에 집착하면 확실히 뇌 작용은 낮아진다.

이는 나쁜 집착일 뿐 아니라 신체 건강을 망치고 일이나 생활에도 악영향을 미치므로 주의해야 한다.

KEY Point ─────────────────────────────

단시간 수면과 같이 나쁜 집착은 뇌와 몸에 모두 부담을 준다.

정기적으로
'뇌 세탁'을
해야 하는 이유

나쁜 집착을 깨닫는 한 가지 방법은, 과학적 근거를 바탕으로 판단하는 것이다. 사람들이 쉽게 빠지는 나쁜 집착 중에 먹을 것을 향한 집착이 있는데, 한밤중에 자꾸 컵라면을 먹거나 정크푸드(몸에 좋지 않은 과자 같은 것)를 습관처럼 먹는 것이다.

사람들은 폭신폭신한 빵과 바삭바삭한 쿠키의 맛만을 믿고 몸에 미치는 나쁜 영향을 고려하지 않는다. 그러나 건강한 생활을 하려면 '몸에 나쁜 것을 자꾸만 먹는 것은 나쁜 집착이니 몸에 좋지 않은 것을 섭취하지 않겠다'라고 각오해야 한다. 쉽지 않은 일이므로, 제대로 된 과학적 근거를 바탕으로 "왜 먹으면 안 되는가?"를 이해하면 큰 도움이 된다.

WHO(세계보건기구)는 마가린과 쇼트닝에 들어간 트랜스 지방산이 관상동맥질환 위험을 높인다고 발표하며, '트랜스 지방산의 섭취량을 총 섭취 에너지의 1퍼센트에 해당하는 양보다 낮출 것'이라는 목표를 설정하기도 했다. 이를 기준으로 미국 일부 주와 캐나다, 싱가포르 등 세계적으로 여러 나라가 트랜스 지방산이 함유된 식품의 수입과 판매를 금지했다.

이처럼 제대로 된 지식을 알고 지금까지의 인식을 바꿔 가면 훨씬 덜 힘들고 빠르다.

뇌 속에는 '모르는 사이에 타인 때문에 입력된 집착'이나 '스스로 선택한 좋은 집착'과 '스스로 선택한 나쁜 집착'이 뒤섞여 있다. 좋은 집착을 선택하려면 때때로 자기 집착을 바라보고, 과학적 근거 등을 바탕으로 재확인하고 정리하여 선택해야 한다. 뇌 성장에 따라 우리의 가치관도 달라지고 집착의 기준도 달라지기 때문이다.

말하자면 정기적으로 '뇌 세탁'을 하는 것이다. 꾸준한 뇌 세탁을 통해 더 좋은 집착을 획득하여 걱정 없는 삶을 누리도록 하자.

KEY Point —————————————————————————

걱정 없는 삶을 위해 정기적으로 '뇌 세탁'을 해 보자.

과거의 괴로움을 현재의 긍정으로 바꾸는 법

지금까지 '좋은 집착'과 '나쁜 집착'이라는 단어를 썼으나, 사실 집착에 절대적인 선악은 없다. 그저 지금 시점에서 좋다고 받아들이는가 나쁘다고 받아들이는가의 차이가 좋은 집착인지 나쁜 집착인지 정하는 것이다.

그래서 시간이 지나서 보면 좋은 집착인 줄 알았던 것이 나쁜 집착으로 바뀌기도 하고, 반대로 나쁜 줄 알았던 집착이 좋은 집착으로 바뀌기도 한다. 다음은 내가 상담했던 환자 D의 이야기다.

D는 회사 거래처의 C 때문에 기분 나쁜 경험을 여러 번 겪었다. 더 이상 C와 만나지 않는데도 D는 자꾸만 그때를 떠올리고 화를 냈다. 5년 뒤, D는 우연히 C와 재회했다. 그런데 C가 완전히 다른 사람처럼 저자세로 나오며 D에게 친절하게 굴었다.

그걸 계기로 D는 C와 다시 교류를 시작했고, 가끔 근황을 주고받는 사이가 되었다. 이 경험 덕분에 C에 대한 D의 나쁜 감정이 달라지기 시작했다. 싫었던 기억을 회상하는 일도 줄어들었다. 즉, 집착이 변화한 것이다.

예전에는 '거래처의 싫은 인간'이었던 C가 5년 뒤에는 '업무 동료'가 되었다. 앞으로 5년 뒤에는 '소중한 파트너'가 될지도 모르는 일이다. 마치 시간이 흐르면서 동네 풍경이 달라지는 것처럼 집착도 시간 경과에 따라 달라지는 것이다.

사람이 평생 살며 경험하는 사건에는 좋은 것도 있고 나쁜 것도 있다. 집착 때문에 고민하는 대다수 사람에게 고민의 씨앗은 과거의 부정적인 체험이다.

과거의 괴로운 사건이나 싫은 사람의 기억을 지우고 싶은데 도저히 지우지 못해 고민하는 것이다. 하지만 한 번 겪은 일은 절대로 지울 수 없다.

"아파서 힘들어하는 부모님을 지켜보는 게 괴로웠어요."

"연인에게서 헤어지자는 말을 듣기 싫었습니다."

이런 말을 아무리 해 봤자 괴로운 경험을 지우지는 못한다. 이미 설명했듯이 인간의 뇌는 경험을 전부 기억해 두기 때문이다.

우리가 할 수 있는 일은 나쁜 집착을 좋은 집착으로 바꾸는 것뿐이다. 나쁜 집착을 끌어안은 탓에 괴롭다면 좋은 집착으로 바꾸려고 노력하는 편이 훨씬 낫다. 사람은 집착을 선택할 수 있다. 좋은 집착과 나쁜 집착이 있음을 알고 좋은 집착을 선택하려고 의식하면, 충분히 긍정적으로 살아갈 수 있다.

KEY Point ——————————————————

나쁜 집착은 좋은 집착으로 바꿀 수 있다.

인정하면,
나쁜 것만 버릴 수 있다
좋은 집착 선택법 1

이제부터는 좋은 집착을 갖추는 방법을 다양한 관점에서 알아보겠다.

나쁜 집착을 없애고 싶을 때는 무리해서 집착을 부정하기보다는 자신이 나쁜 습관을 지녔다는 사실을 솔직히 인정하는 것이 중요하다. 부모와 불화가 있어서 고민이던 사람의 예를 들어 보겠다.

"우리 아버지는 이것도 하지 말고 저것도 하지 말라고 간섭이 너무 심했는데, 지금도 그걸 잊을 수 없어요. 그래서 아버지를 용서하지 못하겠다는 마음이 있네요."

"어머니가 공부하라고 하도 강요한 탓에 공부를 싫어하게 되었어요. 입시에 실패한 것도 어머니 탓이라고 생각해요."

위와 같은 식으로 부모와의 불화에 계속 집착하는 사람이 많다. 부모는 아이가 세상을 판단하는 기준에 큰 영향을 미친다. 아이는 '부모님에게 혼나지 않으려면 어떻게 해야 할까?', '이렇게 하면 부모님에게 칭찬받을 거야'라는 기준을 세운 채 성장하게 된다.

어떤 의미에서는 어른이 된 후 부모와 성격이 비슷해지는 것이 당연하다. '나도 모르는 사이에 부모님이 어렸을 때 나한테 했던 것처럼 아이를 혼내고 있네. 그렇게 싫었던 부모님을 닮다니 어쩌면 좋지?' 하는 걱정이 생기는 이유이다.

부모와의 관계에 나쁜 집착이 생겼다고 해서 부모에게 받은 영향을 전부 버리는 것은 어렵다. 애당초 전부 버릴 필요도 없다. 그저 '화내는 습관'이나 '과도한 간섭' 같은 일부 영향을 버리면 된다. 그러려면 먼저 부모와 자신이 닮았다는 사실을 인정해야 한다.

"아이가 생긴 후에 알았는데, 부모님의 요리랑 내 요리의 맛이 비슷해진 것 같아."

"손재주가 있는 건 부모님에게 물려받은 능력이고 내 생활에 도움이 돼."

위의 예시처럼 부모에게 물려받은 영향에서 생활에 지장이 없는 부분, 나아가 오히려 도움이 되는 부분을 인정하면 부모에게 받은 것 중에 고마워할 요소도 있다는 걸 알 수 있다. 그러면 감정이 안정되고 흔들리지 않으며, 걱정하는 일이 줄어든다. 최종적으로 나쁜 집착만 버릴 수 있게 된다.

KEY Point ————————————————————————

단점 때문에 걱정하기보다는 장점을 찾자.

※ ※ ※ ※

상대방이 되었다는
상상을 하라
좋은 집착 선택법 2

예전에 뇌과학 연구를 진행하다가 '내가 아인슈타인이었다면 어떻게 뇌를 공략했을까?'라고 생각한 적이 있다. 아인슈타인 이외에도 예수나 부처처럼 역사적인 인물이 되었다고 여기고 상상하자, 기본적이던 사고 회로와 다른 시점에서 생각할 수 있게 되었다.

이처럼 '시점을 바꾼다'라는 발상은 집착을 바꿀 때도 응용할 수 있다. 소중한 친구에게 밥을 먹으러 가자고 할 때, '걔

"내가 아인슈타인이라면?"

가 프랑스 요리를 좋아하던가? 이탈리아 요리를 더 좋아하려나?' 하고 상상할 수 있게 된다. 친구 시점에서 상상할 때는 내 집착에서 벗어날 수 있다. 또 친구 시점을 빌리면 내 집착을 객관적으로 볼 수 있다.

'그 사람은 프랑스 요리를 좋아하니까 프랑스 레스토랑에 가면 기뻐하겠지. 난 그다지 좋아하지 않지만⋯.'

이렇게 타인의 시점과 대비해 생각하면 상대화할 수 있다.

시점을 바꾸는 방법을 활용하려면 물리적인 시점을 바꾸는 것이 최고다. 도시에 사는 사람은 산속에 들어가면 자기 집착을 객관적으로 볼 수 있다. 비행기를 조종하는 사람은 자동차를 운전해 보면 자기 집착이 객관적으로 보일지도 모른다.

어울리는 그룹을
바꿔본다

평소 친하게 지내는 그룹을 바꿔 보는 것도 한 가지 방법이다. 나의 경우 학창 시절 의대에 다녔으므로 이과생들에게 둘러싸여 생활했다. 그때는 의료를 공부하는 사람들하고만 어울리면 가치관이 한쪽으로 치우칠 것 같아서 일부러 문과생들과 만나는 기회를 마련하곤 했다.

이과생과 문과생은 대화하는 방식도 다르고 생각하는 방식도 다르다. 의대생은 의사가 되는 것이 꿈이니 가수가 되고 싶은 사람은 거의 없는데, 문과생에는 가수를 꿈꾸는 사람도 있고 저널리스트를 희망하는 사람도 있었다. 그룹에 따라 가치관이 다르다는 것을 안 경험은 지금도 나의 집착을 객관적으로 볼 때 큰 도움이 된다.

이처럼 시점을 바꾸는 것도 집착을 조절하기 위한 중요한 기술이다.

KEY Point ─────────────

타인이 되었다고 상상하면 객관적으로 나의 문제를 보게 된다.

※ ※ ※ ※

'과거의 나'는
어떤 사람일까?
좋은 집착 선택법 3

나는 사람을 본모습 그대로 파악하고 싶다. 그래서 뇌 영상을 감정하는 데 힘썼고, 꽤 성공적이었다고 자부한다. 플러스도 마이너스도 아닌 있는 그대로 파악하면 그 사람이 무엇에 집착하고 집착하지 않는지 알 수 있기 때문이다.

본인의 집착을 알기 위해서라도 자신을 있는 그대로 바라보는 방법은 유용하다. 인생을 있는 그대로 보려면 자기 프로필을 면밀하게 검증하면 된다. 프로필을 검증하는 것은 지금까지 어떤 사람과 만났고, 어떤 대화를 나누었고, 어떤 영향을 받았는지 자세하게 되짚어 보는 작업이다. 과거의 경험을 적어 보거나, 예전 앨범을 정리하거나, 졸업한 학교에 가보는 것도 좋은 검증 방법이다.

최근 예상치 못하게 과거를 돌이킬 기회가 있었다. 지방 신문에 기고할 기회가 생겼는데, 덕분에 기사를 읽은 과거의 지인은 물론, 예전에 신세를 졌던 사람들과도 다시 교류가 생겼다.

어느 날은 인생 첫 폭포 수행을 하러 갔을 때 지도해 준 스님과 재회했다. 또, 고작 4세였던 내 손을 잡고 글자를 가르쳐 준 선생님이 무려 94세의 나이로 장수하며 살아계신 것을 알았고, 중학생 시절의 담임 선생님께 편지를 받기도 했다.

신세를 졌던 분들과 다시 인연이 생기고 예전 일을 떠올리면서 내가 그들에게 얼마나 많은 영향을 받았는지 알게 되었다. 내가 가족 이외에도 많은 사람과 인연을 맺으며 형성되었다는 사실을 깨닫는 좋은 기회였다.

물론 과거에 좋은 영향을 준 사람과 사건만 있었던 것은 아니다. 떠올리면 기분이 나빠지는 사람이나 사건도 있었다. 뇌 속에는 좋고 나쁨을 판단하지 않고 집착한 경험이 아주 많이 쌓여 있다. 그런 경험을 다시금 잘 되짚어 보고 '내게 좋은 영향을 준 것'과 '나쁜 영향을 준 것'을 정리해 두면 좋은 집착을 선택하는 첫걸음으로 삼을 수 있다.

아이의 사진과 비디오를 찍어 두자

이런 점에서 부모가 아이의 어린 시절을 사진이나 비디오로 기록하거나, 직접 말로 들려주는 것은 아주 큰 의미가 있다. 아이의 뇌는 미성숙해서 직접 경험한 사건이라도 나중에 거의 회상하지 못한다.

그래도 어른이 된 후 사진을 보면 '부모님이 나를 사랑해 주셨구나'라고 실감하게 된다. 시간이 한참 지난 후에도 어린 시절의 자신에게 긍정적인 감정을 품을 수 있다.

과거의 사건을 바꾸지는 못하나 과거를 긍정하는 지금을 만들 수 있다. 과거에 품은 견해를 바꾸기 위해서라도 인생을 있는 그대로 돌아보는 방법은 유용하다.

KEY Point ─────────────────────────

좋은 기억을 찾아보고, 긍정적인 현재를 만들자.

뇌가 멀티플레이를
못하는 이유
좋은 집착 선택법 4

뇌는 받아들이는 정보가 너무 많으면 혼란스러워 한다. 그러니 뇌에 들어가는 정보를 한정하면 뇌의 부담을 줄일 수 있다. 한마디로 '뇌가 받아들이는 정보를 간단하게' 하는 것이다.

IQ(지능지수)는 사람에 따라 모두 다른데, 이는 정해진 시간 내에 얼마나 많은 정보를 처리할 수 있는지로 정해진다. IQ가 낮은 사람은 정보를 처리하는 속도가 느려서 답을 낼 때까지 시간이 걸린다. 그럼 IQ가 낮은 사람의 뇌만 걱정이 많은가 하면, 딱히 그렇지는 않다. 실제로 IQ가 높은 사람도 걱정 많은 삶에 괴로워하다 자살하는 경우가 있었다.

그렇다면 IQ가 낮아 정보를 처리하는 속도가 느린 사람은 어떻게 하면 좋을까? 정답은 바로 위에서 얘기한 그대로이다. 받아들이는 정보를 줄이면 된다.

IQ 140인 E와 IQ 90인 F가 똑같이 100개의 정보를 처리하면 당연히 E가 이긴다. 학교 시험에서 IQ가 높은 사람이 좋은 성적을 거두는 이유도 정해진 시간 내에서 같은 개수의 문제를 푸는 것으로 성적을 겨루기 때문이다. 그런데 사회에 나간 후에는 같은 기준에서 정보처리 속도를 다툴 이유가 없다. F가 처리하는 정보를 10개로 줄이면 오히려 더 빨리 대답을 찾아 성과를 올릴 수 있다.

천재 소리를 듣는 사람이나 위대한 업적을 남긴 사람이라고 해서 반드시 IQ가 높진 않다. 이 세상에 업적을 남기느냐 마느냐는 IQ의 높고 낮음과는 관계가 없다. 99의 정보를 버리고 하나의 정보에 집중하면 된다는 걸 깨달은 사람이야말로 혁신을 일으킨다. 좋은 집착을 선택할 때도 이런 사고방식을 응용할 수 있다.

예전에 소아과 현장에서 일할 때는 다양한 병을 치료했다. 백혈병과 암도 치료한 적 있었다. 그러나 어느 한 가지 분야를 깊게 파고들 시간을 만들지 못했다. 그때의 내게는 그게 바로 걱정이었다. 34세가 되고 나서야 미국 미네소타대학교 방사선 MR 연구 센터의 연구원이 되면서 연구 대상을 뇌 한 가지로 줄였다. 그 결과, 뇌 진단과 치료 분야에서 수많은 업적을 남길 수 있었다.

매일 생활하는 데 있어서도 '아침에 일어나서 밥을 먹고 자면 끝'을 제1 원칙으로 생각하면, 이것에만 집중할 수 있어서 마음이 편해진다. 사람의 뇌는 동시에 두 가지를 생각하기 어려워하므로, 하나로 줄이면 완전히 집중해 척척 해낼 수 있게 된다.

또한, 한 가지로 줄여 집중함으로써 우선순위를 매길 수 있게 된다. 우선순위가 제일 높은 일을 달성하면 두 번째로 중요한 일을 시작하고 그게 끝나면 세 번째…… 이런 식으로 진행하면 고민할 이유가 없다.

KEY Point

뇌가 다루는 정보를 줄이면 고민도 줄일 수 있다.

바라면
이루어진다!
좋은 집착 선택법 5

뇌는 아침에 눈을 떠 밤에 잘 때까지 하는 경험을 전부 기억한다. 그런데 기억하는 일만 하는 게 아니라 자율신경 조정 같은 다양한 일도 함께 맡고 있다.

마음은 경험한 기억의 지극히 일부분만 의식한다. 집에서 나와 직장에 도착해서 지금까지 있었던 일을 되짚어보면, '전철을 타려고 빨리 걸었던 일'이나 '전철 안에서 기발한 차림을 한 사람을 본 일'과 같은 단편적인 기억만 의식할 수 있다.

집착은 이런 과거의 단편적인 기억에 주의를 기울이고 반복해서 떠올리는 상태인 것이다. 또는 앞으로 일어날지 아닐지도 모르는 미래의 일에 집착할 수도 있다. 즉, 미래는 '앞으로 만들 기억'이므로, 미래에 하고 싶은 일을 반복해서 의식하는 것은 미래에 대한 집착이다.

'바라면 이루어진다'는 뇌 구조로 생각하면 당연하다

기억에는 두 가지 종류가 있다. '새로운 기억을 머릿속에 넣는 구조'인 인코딩(encoding)과 '머릿속에 들어 있는 기억을 떠올리는 구조'인 리트리벌(retrieval)이다. 뇌의 '해마'라는 부위는 앞뒤로 길쭉하게 생겼는데, 앞은 인코딩 구조, 뒤는 리트리벌 구조를 담당한다.

'미래를 위해 미리 돈이 필요해'라는 생각은 뇌 속에서 돈이 풍족한 기억을 점점 더 만들고 싶은 의식의 발로이다. 돈을 늘리기 위해 주식 투자를 한다면, 투자를 통해 새로운 기억을 만들어 가는 것이다.

다시 말해, 우리는 꿈이나 목표를 가짐으로써 미래에 집착하게 된다. '빨간 자동차를 가지고 싶어'라고 생각하는 사람은 뇌 속에서 주의를 기울이려는 선택이 이루어지므로, 거리를 걷다가도 빨간 자동차를 잔뜩 보게 된다. 뇌에 '빨간 자동차를 보자!'라는 명령이 주어지고, 뇌가 그 명령에 따라 적응한 상태이기 때문이다.

마찬가지로 꿈이나 목표를 가지면 뇌에 '꿈을 이루도록 상황을 보자!'라는 명령이 주어지는 것이므로 뇌가 거기에 적응하려고 한다. "바라면 이루어진다!"라는 말은 뇌 구조로 생각하면 당연한 결과이다.

뇌의 기본 성향인 '집착'과 연결해 생각해 보면, 사람이 목적을 가지면 정보 선택이 일어나는 것과 같은 것이다. 내가 의사가 되어 처음으로 쓴 글은 아이의 뇌사를 주제로 한 영어 논문이었다. 그때는 전 세계의 뇌사 관련한 논문을 전부 모은 뒤, 분류하여 참고할 만한 것만 따로 골랐다. 그때 모은 논문 중에 참고가 된 것은 일부였다. 그 이외에 논문 대부분은 쓰지 않고 버렸다.

사람이 행동할 때도 이와 마찬가지로 목적 달성을 위한 무수한 정보 중에서 필요한 것만을 고르는 작용이 일어난다. 쉬는 날 레스토랑에서 식사를 한다는 계획을 세우면 가게를 정하고, 입고 갈 옷을 고르고, 레스토랑까지 갈 이동 수단을 정하는 등 다양한 선택을 하게 된다. 이 과정에서는 개인 차량을 쓰지 않는다, 휴일에 다른 예정을 넣지 않는다, 까만 코트를 입지 않는다……라는 식으로 의식적으로 자각하지 않은 다양한 가능성을 버리게 된다.

우리는 미래를 위해 정보를 적극적으로 선택함으로써 불필요한 집착을 지울 수 있다. 엄밀하게 말하면 '지운다'가 아니라 필요 없어진 결과를 '지워 간다'가 옳다. 과거의 나쁜 집착을 버리고 미래의 좋은 집착을 선택하려면 뇌에 무언가 목표를 주는 것이 열쇠가 될 것이다.

KEY Point ───────────────────────────────

뇌에 목적을 정해 주자.

과거에 머무는 사람,
미래를 바라보는 사람
좋은 집착 선택법 6

　뇌에는 과거의 기억을 떠올리는 구조와 미래의 새로운 기억을 만드는 구조, 이렇게 두 가지가 있다고 앞서 설명했다. 사실 인간은 새로운 기억을 만들기 위해 과거 기억을 활용한다. 이를 단순화해서 예시를 들어 설명하면, '(미래인) 다음 달 친척 결혼식을 위해서 (과거의 기억을 활용해) 입고 갈 옷이나 축의금이나 기차표를 준비하는 것'이다.

　치매가 와서 일상생활에 지장이 생긴 사람을 상상하면 이해하기 쉽다. 치매가 생활에 지장을 주는 이유는 과거 기억을 활용하지 못해서이다. 어렸을 때 외운 계산 방법의 기억을 활용하지 못하니까 돈 관리를 못 하고, 식칼 쓰는 법의 기억을 활용하지 못하니까 요리가 어려워진다. 기억을 활용하지 못하는 게 얼마나 큰일인지 조금만 생각해도 알 수 있다.

과거에 겪은 일을 떠올릴 때, 우리는 보통 미래에 관해서는 거의 생각하지 않는다. 나쁜 집착을 품어 '괴로워', '머리가 어떻게 될 것 같아'라고 스트레스를 받을 때도 미래를 생각하지 않고 과거를 떠올리기만 하고 끝이다.

과거 기억을 단순히 떠올리기만 하면 고민은 점점 깊어질 뿐이다. '왜 남편은 저렇게 싫은 짓만 골라서 할까?'라고 반복해서 생각해 봤자 상황은 무엇 하나 달라지지 않는다. 과거에 생긴 일은 바꾸지 못하기 때문이다. 이때 중요한 것은 과거의 기억을 단순히 떠올리지 말고 미래를 위해 의식적으로 활용하는 것이다.

과거가 생각나면
긍정적인 의미를 부여하자

'단순히 과거를 떠올리는 것'과 '미래를 위해 과거의 기억을 쓰는 것'의 차이는 뇌 사용 방식에 따라 집착하는 양상이 바뀐다는 것을 알려준다. 뇌 작용이라는 관점에서 보면 두 가지의 차이는 아주 미세한데, 따라오는 결과에는 큰 차이가 생긴다.

과거를 떠올리기만 하는 사람은 떠올리면 떠올릴수록 부정적으로 변한다. 반대로 미래를 위해 과거의 기억을 사용하려는 사람은 긍정적이다.

과거를 떠올리기만 하는 사람

- 그때 나, 왜 그렇게까지 심한 소리를 들어야 했을까?
- 애초에 나한테 먼저 접근한 건 그 인간이잖아.
- 그러니까 내가 아니라 그 인간이 나쁜 거야.

과거의 기억을 사용하려는 사람

- 그때 일이 잘 안 풀린 건 내 방식이 나빴기 때문일지도 몰라.
- 다음에 비슷한 사람과 일할 때는 이런 식으로 대하는 게 좋겠어.
- 배운 점이 있다는 의미에서 그 사람과 만난 것도 의미가 있네.

조금만 읽어 보아도 확연히 다름을 알 수 있다. 과거의 싫은 기억을 고스란히 재현하는 것이 아니라, 일부를 꺼내 긍정적인 미래로 연결하는 것이다. 과거 기억의 일부를 활용하면 나쁜 집착이 사라지는 것이다. 굳이 비유하자면 장기이식과 비슷할지도 모르겠다. 과거의 싫은 내가 목숨을 잃는 대신 이식한 심장을 쓰는 새로운 나를 만드는 것이다.

미래를 향해
집착하는 법

'집착' 관점에서 과거 기억과 미래 기억을 생각하면, 우리에게는 '과거에 대한 집착'과 '미래에 대한 집착'이 있다. 이두 가지를 비교하면, 과거 기억이 더 큰 집착을 가져오기 쉽다. 과거 쪽이 축적된 정보가 압도적으로 많으므로 당연하다면 당연한 일이다. 다만 과거 기억을 미래에 활용하겠다고 생각하면, 미래에 대한 집착을 더욱 크게 키울 수 있다.

미국 메이저리그 소속인 일본의 오타니 쇼헤이 선수는 투구와 타격 양면에서 크게 활약하면서 2021년 시즌에 미국 리그 MVP를 받아 엄청난 화제가 되었다. 당사자인 오타니는 이미 2021년 시즌의 성적에 집착하지 않는다. 과거 성적을 내년 이후 성적을 낼 기반, 넘어야 할 대상으로 받아들이고 미래에 집착할 테니까 말이다. 그래야 발전이 있다.

이처럼 미래를 향한 집착을 만들려면 몰두할 대상을 확고하게 지녀야 한다는 것을 알 수 있다. 오타니는 플레이어로서 한창 성장할 시기이므로 미래를 향한 큰 집착을 가졌을 것이다. 그러나 은퇴한 선수는 선수 시절의 기억을 기반 삼아 플레이어로서 미래를 만들어 갈 수 없다. 그러니 미래를 향한 집착이 적어진다.

방출 통보를 받은 선수를 가끔 미디어에서 다루기도 하는데, 그들이 고민하는 이유 중에는 미래를 만들겠다는 집착이 사라진 이유도 매우 큰 것을 볼 수 있었다. 은퇴한 회사원도 비슷하다. 회사를 정년퇴직한 사람이 갑자기 생기를 잃고 지루하게 사는 이유는 과거의 기억을 기반 삼아 미래를 만들지 못하는 상태이기 때문이다.

'과거를 향한 집착'과 '미래를 향한 집착'을 나누는 것은 '하고 싶은 일이 있는가 없는가'이다. 세상에는 미래에 뭘 하면 좋을지 모르는 채 과거의 나쁜 집착을 끌어안고 계속 괴로워하는 사람이 있다. 미래를 향한 집착을 만들려면 하고 싶은 일이 있어야 한다.

인간의 뇌는 미래에 시선을 주면 과거의 싫은 기억을 잊게 되어 있다. 그러니 나쁜 집착을 버리려면 집착의 방향을 미래로 향하게 해야 한다. 미래에 집착하는 사람은 과거 기억 중 무엇이 필요하고 무엇이 불필요한지 선택할 수 있다. 필요한 기억을 이용해 자기 꿈을 실현할 수 있다.

KEY Point ————————————————
과거의 싫은 기억에 긍정적인 의미를 부여해 미래의 동력으로 삼자.

3장

"어디서
걱정이 생겨날까?"

걱정 끄기 연습 3 ❊ 8가지 뇌번지 체크하기

걱정은 내일의 슬픔을 줄여 주는 것이 아니라,
오늘 살아갈 힘을 빼앗아 가는 것일 뿐이다.
—
코리 텐 붐 Corrie ten Boom

왜
'뇌번지'를
알아야 할까?

뇌에는 1,000억 개를 넘는 신경 세포가 있다. 신경 세포는 '생각하기', '기억하기', '사물을 보기' 등 다양한 역할을 한다. 같은 일을 하는 세포가 모여 집단을 이루기도 한다. 마을에 직업별로 나뉜 거주지가 있는 이미지를 상상하면 된다.

나는 이 집단별 거주지를 '뇌번지'라는 개념으로 표현한다. 뇌번지는 좌뇌와 우뇌를 전부 합쳐 약 120개가 있고, 기능별로 정리하면 다음 8개의 계통으로 나눌 수 있다.

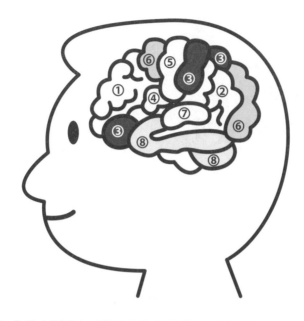

① **사고계 뇌번지**: 뭔가 생각하거나 판단할 때 작용한다

② **이해계 뇌번지**: 정보를 이해하고 응용할 때 작용한다

③ **감정계 뇌번지**: 희로애락 등 감정을 받아들이거나 표현할 때 작용한다

④ **전달계 뇌번지**: 커뮤니케이션(의사소통)을 할 때 작용한다

⑤ **운동계 뇌번지**: 몸을 움직이는 전반적인 일을 할 때 작용한다

⑥ **시각계 뇌번지**: 눈으로 본 정보를 뇌에 전달할 때 작용한다

⑦ **청각계 뇌번지**: 귀로 들은 정보를 뇌에 전달할 때 작용한다

⑧ **기억계 뇌번지**: 무언가를 기억하거나 떠올릴 때 작용한다

인간의 뇌는 나이와 발육 단계에 따라 뇌 안에서 두드러지게 성장하는 뇌번지가 달라진다. 이제 막 세상에 태어난 갓

난아기는 운동계 뇌번지가 먼저 발달하고, 다음으로 시각계 뇌번지, 청각계 뇌번지, 언어를 다루는 전달계 뇌번지 순서로 발달한다.

뇌는 30세 전후까지 성장하고, 성장을 마친 뒤에는 뇌 전체를 쓰는 응용력이 좋아진다. 평소 자주 쓰는 뇌번지는 평생 성장하는데, 잘 쓰지 않는 뇌번지는 성장이 멈추게 된다. 그대로 두면 나이를 먹으면서 함께 쇠퇴한다.

사람마다 강한 뇌번지와 약한 뇌번지는 천차만별이다. 우선 내 뇌의 습관을 안 뒤에 약한 뇌번지를 훈련하는 것이 좋다.

뇌번지의 습관을 체크하자!

자, 그렇다면 이 책의 가장 첫 페이지의 체크리스트에서 확인한 내 뇌의 습관을 떠올려 보자. 체크리스트에는 8개의 뇌번지로 나누어진 항목이 있었다. 체크한 항목이 많은 번호가 내 뇌에서 강한 영역이다.

사람은 강한 뇌번지를 집중적으로 사용하는 경향이 있다. 다시 말해, 집착은 강한 뇌번지에 의존하는 경향이 있다는 것이다. 반대로 하나도 체크하지 않은 뇌번지가 많으면 치우친 집착이 생길 가능성이 있다. 그 결과로 선악을 구별하지 못하고 나쁜 집착에 빠져서 감정을 제대로 조절하지 못하게 될 수도 있다.

KEY Point ─────────────────────────────

자주 쓰는 뇌번지는 평생 성장한다.

✳ ✳ ✳ ✳
집착과 뇌번지는 떨어지려야 떨어질 수 없는 사이!

이제까지 계속 언급해 온, 우리의 걱정을 유발하는 뇌의 집착은 이 뇌번지 각각의 작용과 관련이 깊다. 같은 장소에 반복해서 가는 사람이나 같은 행동을 반복하는 사람은 운동계 집착이 강하다고 할 수 있다. 머릿속에 새로운 정보를 넣지 않으면 과거 기억에 집착이 생기기 쉽기 때문이다.

누가 위압적으로 말하면 순종적으로 따르게 되는 것은 사고계 집착이라고 할 수 있다. 사람이나 먹을 것에 호불호가 강한 것은 감정계 집착이다.

전달계 집착은 말버릇으로 잘 나타난다. 어느 날 진행자로 활동하는 라디오 방송을 다시 듣다가, 내가 말을 시작할 때 "저기"라고 자주 말한다는 걸 알았다. 그래서 다음 녹음 때는 "저기"라는 말을 줄이려고 노력했다.

평소 말버릇을 막는 것은 뇌 구조를 새롭게 바꾸는 것이어서 굉장히 힘들었던 기억이 있다. 이미 몸에 익은 대화 리듬을 잃으니 다시 리듬감 있게 말하는 것이 어려웠다. 말버릇도 일종의 집착이라고 파악하면, 우리는 대화 곳곳에서 집착을 품은 것이다.

참고로 집착은 뇌번지 하나하고만 관련하지 않는다. '어렸을 때 선물 받은 소중한 인형은 이미 낡았는데도 못 버리겠다. 버리려고 하면 어린 시절이 생각나 눈물이 펑펑 흐른다' 이런 사람은 감정계 뇌번지와 기억계 뇌번지 두 군데에서 집착할 가능성이 있다. 그러니 하나의 뇌번지만 훈련한다고 특정한 집착을 간단히 없애지 못하는 것이다.

KEY Point

익숙한 것에 안주하려는 성향은 종류에 따라 각 뇌번지와 관련 있다.

스마트폰에
중독된 뇌를 바꾸는
가장 확실한 방법

사람은 '쓸 수 있는 뇌'만 쓴다. 다시 말해, 사람은 쓰지 못하는 뇌번지와 쓰는 뇌번지가 따로 있다는 것이다. '쓸 수 있는 뇌번지'는 사람이 행동하는 모습을 관찰하면 알 수 있다. 예를 들어, 이해계 뇌번지 중 좌뇌만 작용하는 사람은 말의 의미에 집착한다. "그게 뭔데?", "그게 무슨 의미야?" 하고 정의를 따지는 것이다.

누구나 여덟 개의 뇌번지를 전부 가졌음에도 사람에 따라 행동이 달라지는 것은 환경이나 경험에 따라 잘 쓸 수 있는 뇌에 차이가 생기기 때문이다.

사람들은 보통 능력을 두고 '타고나는 것', '나중에 바꿀 수 없는 것'이라고 여긴다. 평소 본인의 생활을 통해 이 능력을 새롭게 바꾸고 있다는 것을 깨닫지 못하는 것이다. 실제로 우리가 뇌를 사용하는 방식은 생활 환경이나 경험에 따라 얼마든지 달라질 수 있다.

스마트폰에 중독된 뇌를 바꾸는 방법

'쓸 수 있는 뇌'가 극도로 제한되는 상황 중 하나가 스마트폰 뇌, 즉 스마트폰 중독이다. 스마트폰 뇌(스마트폰에 집착하는 상태)는 뇌에서 스마트폰이나 스마트폰 게임에 필요한 부분만 작동하는 상태를 의미한다.

스마트폰 뇌인 사람은 오로지 스마트폰을 쓰기 위해서만 뇌가 성장하고 다른 부분은 성장이 멈춘다. 그런 사람에게는 "스마트폰 좀 그만 봐", "그렇게 스마트폰만 보면 우울해진다" 같은 조언을 해도 당연히 받아들이지 못한다.

그들은 사용하기 쉽게 성장한 뇌를 사용할 뿐이다. 그걸

하지 말라는 것은 뇌 작용을 끄라는 뜻이나 마찬가지다. 좀 극단적으로 말하면 "죽어라!"라고 하는 것과 같다.

스마트폰 중독 뇌에서 벗어나려면, 지금 쓰지 않는 뇌를 쓸 수 있도록 해야 한다. 산책하기, 운동하기 등으로 운동계 뇌번지를 자극하는 것도 효과적이고, 음악을 듣거나 라디오를 들어 청각계 뇌번지를 자극하는 것도 좋은 방법이다.

그런데 쓰지 않던 뇌를 갑자기 쓰려고 하면 고통스럽고 겁도 난다. "몸을 움직이면 즐거워"라고 아무리 설득해도 스마트폰 뇌인 사람은 "왜 꼭 운동을 해야 하는데?" 하고 거부한다.

결국 쓰지 않던 뇌는 아주 조금씩 사용하는 수밖에 없다. "딱 한 번이라도 좋으니까 산책해 보자"라고 설득해서 밖으로 나가 미숙한 뇌를 차근차근 키우는 것이 유일한 해결책이다. 미숙한 뇌를 서서히 키우면 이윽고 산책이나 운동의 재미를 이해하게 된다. 그러면 이번에는 몸을 움직이는 것에 집착하고 반대로 스마트폰에 느끼던 집착이 사라지게 된다.

물론 말처럼 간단하진 않겠지만, 사용하지 않던 뇌를 사용함으로써 중독된 뇌를 벗어날 수 있다는 사실을 우선 기억해 두자.

KEY Point ——————————————————————————

중독된 뇌에서 벗어나기 위해서는 단번에 바꾸기보다 차근차근 하나씩 바꾸려 노력하는 게 효과적이다.

뇌는
사실
게으름뱅이다

뇌번지는 사람이 살아서 뇌가 기능하는 한 작용한다. 다만 뇌에 지령을 주지 않는 한 뇌번지의 작용을 잘 활용하지 못한다.

예를 들어, 두부를 넣은 된장국을 먹고 싶다고 생각했다는 가정을 해 보자. 하필 집에 두부가 없을 수 있다. 가게에 가서 두부를 사 와 냄비에 물을 끓여 국물을 내고 두부와 다른 재료를 넣은 뒤 된장을 풀어 된장국을 만들었다. 이때 뇌번지의 작용은 '두부 된장국을 먹고 싶다고 생각한다(사고계, 전달계) → 가게에 두부를 사러 간다(운동계) → 냄비에 물을 끓여 국물을 낸다(시각계, 이해계)'의 과정을 거쳐 성립한다.

각 뇌번지가 단순히 작용만 해서는 특정한 목적을 달성하지 못한다. 사고계, 전달계 뇌번지에서 '두부 된장국을 먹는다'라는 목적을 설정해야만 비로소 된장국을 끓이는 행동에 나선다. 각 뇌번지의 작용을 활용할 때도 목적을 설정할 필요가 있다.

클리닉에 오는 학생들을 대상으로 학교 수업 때 배운 것을 잘 기억하도록 '수업 내용 전체를 다른 사람에게 설명할 것'이라는 과제를 낸 적이 있다. 아들에게도 시켜 보았는데, 한 시간 이상 설명하면 완전히 지치곤 했다. 말로 설명하는 게 피곤하다고 했다.

이는 당연하다. 입을 움직이지 않고 머리로만 생각하는 공부를 하면 어쩔 수 없이 전달계와 운동계 뇌번지의 작용이 약해진다. 이때 과제 덕분에 전달계 뇌번지를 써서 배운 내용을 자기 언어로 요약할 필요가 생긴 것이다. 전달계 뇌번지뿐 아니라 수업 때 들은 내용을 되새기며 청각계, 이해계 뇌번지도 적극적으로 활용하게 된다.

이런 식으로 과제를 설정해 뇌번지를 적절하게 활성화하

면, 특정한 뇌번지를 쓰지 않아서 생기는 문제와 걱정을 해결하는 것으로도 이어진다.

KEY Point

뇌에 새로운 목적을 설정해 활성화하는 것이 포인트이다.

과거 대신 현재,
현재 대신 미래를
바라보자

　뇌MRI로 보면 사라지지 않는 걱정과 고민으로 괴로워하는 사람은 대부분 사고계, 감정계, 기억계의 뇌번지만을 줄곧 활용했다. 뇌가 지닌 과거의 정보 중에서 싫은 기억만 찾아내 우울해하는 것이다. 이런 사람들은 '도대체 왜 그랬을까?' 생각하며 자책하고, '또 그러면 어떡하지?'라며 이른 걱정을 반복한다.

　말하자면 사고와 감정과 기억을 빙글빙글 맴돌며 집착을 확인하는 작업을 하는 것이다. 이러면 과거를 떠올릴 때마다 우울해지고 의욕이 사라져서 지치기만 한다.

이럴 때 지금 눈앞에 닥친 상황이나 사건에 시선을 주면, 조금 전과는 전혀 다른 뇌 구조를 활용하게 된다. 과거에 주목하는 사람과 지금 사건에 주목하는 사람은 전혀 다른 뇌번지를 활용하는 것이다.

뇌는 현실 세계를 파악할 때 주로 시각계와 청각계, 운동계 뇌번지를 활용한다. 보고 듣고 움직임으로써 뇌에 새로운 정보를 들여보내고 새로운 기억을 만든다. 그럴 때 뇌는 과거에 대한 집착을 일단 놓아준다. 핵심은 시각과 청각, 운동을 조정하는 것이 효과적이라는 것이다.

불교에 '지관타좌(只管打坐)'라는 말이 있다. 지관타좌란 '오로지 앉아 있는다'라는 뜻이다. 오로지 좌선하며 이 순간에 주의를 기울이는 것이다. 뇌를 사용하는 방식도 이와 같다.

이를 토대로 본다면, 굳이 좌선하지 않아도 '밥 짓기', '메모해 온 물건을 마트에서 사서 돌아가기' 등 지금 하는 일에 집중하면 싫은 과거에서 멀어질 가능성이 열리는 것이다.

KEY Point
과거에서 벗어나는 가장 효과적인 방법은 뇌가 '지금 이 순간'에 집중하도록 하는 것이나.

뇌의
단순함을
이용하자

뇌번지별로 '집착하기와 집착하지 않기'를 구분하는 것은 그리 어렵지 않다. 우리 생활에 친근한 예를 들어 설명해 보 겠다.

나는 동네 마트에서 가족과 함께 아침으로 먹을 빵을 사곤 한다. 어느 날 마트에 갔더니 20퍼센트 할인 스티커가 붙은 크루아상이 있었다. 싸게 샀다고 생각하면서 돌아왔는데 가 족의 평이 매우 별로였다. 폭신폭신하지 않아서 싫다는 것이다. 크루아상은 원래 버터가 들어가서 부드러운 빵이니까 만든 지 시간이 좀 흘렀어도 크게 다르지 않다고 생각했는데, 가족은 입을 모아 "전혀 달라!"라고 주장했다.

또 다른 날, 마트에 갔더니 이번에는 5퍼센트 할인하는 크루아상이 있었다. 5퍼센트라면 허용 범위라고 여겨서 샀는데, 이 날도 역시 불평을 들었다. 그래서 고민을 하다 '얼마 되지도 않는 할인을 신경 쓰는 건 그만 두자. 할인보다는 가족에게 맛있는 빵을 먹이는 게 더 좋겠어'라고 생각을 고쳤다. 다음에 할인하지 않는 크루아상을 사서 갔더니 가족들 모두 "역시 이게 맛있네!"라며 기뻐했다. 나 역시 잘됐다고 생각했다.

위의 상황을 뇌번지로 해석해 보면, 가족은 '폭신폭신한 크루아상을 먹고 싶어'라는 감정계 집착을 품은 것이고, 나는 '싸게 사는 편이 경제적이잖아'라는 이해계 집착을 품었던 것이다.

이후 나는 사고계 뇌번지를 써서 이해계 집착의 선택지를 변경함으로써 '할인하지 않는 가격의 크루아상을 산다'라는 행동으로 바꾸는 데 성공했다. '가족의 불평을 듣고 싶지 않다', '가족이 맛있는 빵을 먹으면 좋겠다', '인생은 유한하니까 얼마 안 되는 돈에 집착해 봤자 무슨 의미가 있겠는가' 등 바꾸게 된 계기는 다양하다.

어느 쪽이든 우리는 뇌번지별로 집착하기와 하지 않기를 나눠 활용하면서 일상을 살아간다. 생각보다 집착은 유동적이고, 특정한 뇌번지에 대한 집착이 적절하지 않으면 다른 뇌번지의 집착으로 바꾸면 그만이라고 생각하면 편하다.

지금부터
걱정을 해결해 보자

이제부터 뇌번지 8개의 역할과 특징을 각각 설명한 뒤 집착 고민의 예시를 구체적으로 들어 보겠다. 집착이 어째서 일어나는지 원인을 알아보고, 이를 해결하기 위한 뇌번지 훈련법을 함께 알아보려 한다. 자신이 강한 뇌번지, 약한 뇌번지에 특히 주목하며 읽어보길 바란다.

집착으로 생긴 걱정은 유래가 된 뇌번지별로 나눌 수 있다. 특정 뇌번지에 유래하는 집착을 해결할 때는 같은 뇌번지를 강화하는 방법과 다른 뇌번지를 활용하는 방법이 있는데, 어느 뇌번지를 훈련해야 각각의 고민에 효과적인지도 차례차례 설명하겠다.

궁금한 항목부터 살펴봐도 좋고, 더욱 구체적인 훈련법이 궁금하면 4장으로 넘어가도 좋다.

KEY Point ─────────────────────────────────

뇌번지 역시 장점을 살리고, 단점을 키우는 것이 중요하다.

※ ※ ※ ※

"회사에 계속 다닐까,
퇴사할까?"

첫 번째 뇌번지, 사고계

사고계 뇌번지는 사고나 의욕과 관련한 작용을 하며 뭔가 판단하고 선택하는 기능을 한다. 이른바 뇌의 사령탑이다. 예를 들어, "오른쪽 길로 갈까, 왼쪽 길로 갈까?", "회사에 계속 다닐까, 그만둘까?" 등 여러 선택지 중에서 하나를 택할 때 이 뇌번지를 활용한다.

사고계 뇌번지는 선택하는 힘을 지녔기에 가장 집착에 영향을 주기 쉬운 뇌번지이다. 이 말은 곧 사고계 뇌번지가 달라지지 않는 한 집착 대상도 달라지지 않는다는 뜻이다. 뒤에 나오겠지만, 이 책에서 사고계 뇌번지 훈련을 다양하게 소개하는 이유이기도 하다.

우뇌의 사고계 뇌번지는 주로 막연한 의욕을 만들어 내거나 명확한 정답이 없는 것을 이미지로 파악할 때 쓰이고, 좌뇌의 사고계 뇌번지는 구체적인 판단이나 대답을 말로 표현하는 것을 잘한다.

사고계 뇌번지가 약하면

사고계 뇌번지 작용이 약하면, 뇌는 의욕이 나지 않고 우유부단해지기 쉬우며 "지금까지 하던 대로 하면 되잖아", "아무것도 바뀌지 않아도 돼"라는 보수적인 반응을 보이게 된다. 따라서 좋은 집착도 나쁜 집착도 막연하게 지속하는 경향이 있다.

걱정을 줄이고 싶다면 일단 이 뇌번지가 활발하게 움직이도록 노력해야 한다.

KEY Point —————————————————————
사고계 뇌번지는 뇌의 시령탑 역할을 한다.

휴식할 시간조차
아깝다고
생각한다면?

과도하게 일하느라 지친 사람, 쉬지 못하는 사람의 공통점은 자기 스타일을 고집하는 점이다. 내 환자 중에도 그런 사람들이 있다. 휴식은 잊고, "회사나 상사가 목표를 달성하라고 강하게 압박을 주니까 해내지 못하면 입지가 위태롭다"라든가 "회사에 더 공헌해야 한다"라는 말을 자주하며, 매출이나 업무 달성률 때문에 스트레스를 받아 한다. 객관적으로 보면 자기 생활 스타일에 집착하며 바꾸지 않으려는 사고계 문제이다.

냉정하게 생각해 보자. 과로해서 지쳤거나 생산성이 떨어져서 일의 수준이 낮아졌다면 할 일을 내일로 미루고 느긋하게 쉬어야 한다. 밤에 일찍 자고 아침에 일찍 일어나 일하거나 회사 근처로 이사해 수면 시간을 확보하는 등 여러모로 해결 방법이 있는데, 계속 밤을 새우기만 하는 것이다.

또 휴일에는 완전히 일을 놓고 오로지 상태 회복에 전념해야 하는데, 게임을 하거나 술을 마시러 가서 점점 더 피로를 쌓는다. 이건 결국 자기 생활 스타일을 고집해서 바꾸기 싫은 것이다.

이런 유형의 사람은 '일하기 위한 준비'를 할 필요가 있다. 내일 마라톤 대회가 있다면, 보통 일찍 자서 체력을 아끼고 내일을 준비할 것이다. 마라톤 대회가 있는 당일 새벽 2시까지 게임을 하면 다음 날 달릴 때 당연히 지장이 생긴다.

일도 마찬가지다. 회사에 무작정 오래 머물기보다 근무 시간 내에 생산성을 높일 수 있게 준비해야 한다.

KEY Point ———————————————————

일에 품은 잘못된 사고계 집착을 바꾸려면, 기억계 집착을 활용하는 것이 효과적이다. 특히 '타이머 맞춰서 하루 계획 실행하기', '새로운 말 고안하기' 등을 추천한다.

목표를
달성하지 못해
초조하다면?

목표를 세우는 행위는 사고계 뇌번지를 자극한다. 목표를 향해 행동하는 것도 뇌를 대대적으로 활성화한다. 그런데 그 중에는 스스로 세운 목표에 사로잡혀 조금만 계획대로 안 되면 초조해하는 사람도 있다.

목표를 달성하지 못하는 사람은 목표를 세우는 방법 자체에 문제가 있을지도 모른다. 목표는 '우뇌의 목표'와 '좌뇌의 목표'의 두 가지로 나뉘는데, 우뇌의 목표란 '다른 사람에게 말을 친절하게 하자', '언제나 냉정하고 침착하자' 같은 추상적인 목표이다. 좌뇌의 목표는 '매달 책을 15권 읽겠다', '여름방학에 가족 여행을 가겠다', '반년 안에 5킬로그램을 빼겠다' 같은 구체적인 목표를 말한다. 두 가지 목표에 우열은 없고 둘 다 중요한 목표이다. 목표를 세울 때는 양쪽의 방향성을 의식해야 한다.

또 목표를 생각할 때는 달성하기까지의 계획도 중요하다. 원래 뇌는 목표를 달성하기 위해 작용하려는 구조를 갖추고 있다. 이때 필요한 것이 목표를 달성하기 위한 사고 회로, 즉 구체적인 계획이다.

목표란 매일 달성하는 것이 최고라고 생각한다. 매일매일 쌓아 가는 작은 목표 달성이 최종적인 큰 목표 달성으로 이어진다. 대학 수험생이라면 '○○대학에 합격하기'라는 목표를 세울 텐데, 그 목표까지 가는 시간 속에서 무엇을 하는가가 중요하다. 공부하는 학생이라면 하루에 문제집을 얼마나 풀지 설정하고, 할당량을 달성해야 하는 영업직 회사원이라면 하루에 몇 건의 계약을 성사하면 되는지 설정한다.

목표에 사로잡혀 초조하고 걱정하는 이유는 목표 달성까지 과정이나 기간이 보이지 않기 때문이다. 과정을 눈에 보이게 해서 하나하나 실적을 쌓으며, '목표 달성을 위해 내가 얼마나 노력할 수 있는가'를 실감하게 된다. 이런 실감이 곧 자신감으로 이어지고 나아가 뇌를 성장하게끔 돕는다.

과정을 가시화해서 행동하면 설령 최종 목표를 달성하지 못했더라도 큰 충격을 받지 않는다. 영업직 사원이라면 본인의 세일즈 토크에 문제가 있었거나, 상품 지식이 부족했거나, 고객의 이야기에 미처 귀를 기울이지 못했거나 하는 문제점을 냉정하게 검증하고 다음 기회를 노리면 되는 것이다.

KEY Point ─────────────────────────

잘 작용하지 않는 사고계 뇌번지를 단련하고, 목표 달성 과정을 눈에 보이게 하자. 특히 '아침에 일어나자마자 오늘 목표를 15자 이내로 생각하기'를 추천한다.

나만
비싸게 살까 봐
고민이라면?

조금이라도 저렴한 것을 사고 싶은 집착은 공포심에서 나오는 강렬한 소망이 본질이다. 감정계 뇌번지의 작용이 불안정한 탓에 머리가 '저금이 줄어들면 노후에 곤란해진다', '일을 잃으면 생활이 힘들어진다'라는 공포심을 느끼고 걱정으로 꽉 차는 것이다.

특히 돈의 증감은 명확하게 수치화할 수 있는 특징이 있다. 사람은 돈이 늘어나면 기쁘고 줄어들면 슬프다. 이런 구체적인 면이 사고계나 감정계와 쉽게 연결되어 돈에 집착하는 사람이 많아지는 것이다.

이런 맹신적인 소망이 너무 강한 나머지 물건 가격에만 신경 쓰면 인생의 기회를 놓치게 된다. 예를 들어, 돈에 여유가 없는 사람은 값이 나가는 상품을 거들떠보지도 않는다. 가진 돈이 만 원뿐이라면 10만 원짜리 상품은 구매 대상이 아니니 애초에 보려고도 하지 않는 것이다. 백화점이나 쇼핑몰에 가도 살 수 있는 것만 보니까, 눈에 보이는 세상이 좁아진다. 새로운 발견이 적어지면 그만큼 인생의 선택지도 한정된다. 그 결과 기회가 줄어드는 것이다.

이런 사람은 정보를 수집해 기회를 넓히자고 의식하는 것이 좋다. 가격에 주목하면 '살 수 있다'나 '살 수 없다'로 금방 결론이 나오므로 가능성이 그 이상으로 넓어지지 않는다. 그런데 정보를 차곡차곡 모으면 불가능한 것이 가능해진다.

'연말에는 호주에 가고 싶은데, 한 사람당 항공권만 150만 원 가까이 든다는 소리를 들어서 포기했다'라는 사례를 생각해 보자. 이때 여행비에만 주목하면 '비싸니까 살 수 없다'로 끝나는 것이다. 왜 항공권이 비싼지 의문을 품지도 않고 지나치게 된다. 의문을 품고 정보를 모아 보면 항공권이 비싸지는 시기와 저렴해지는 시기가 나뉘는 걸 알 수 있다.

연말연시나 봄방학 등 여행자가 몰리는 시기는 수요가 많아지니 가격이 올라간다. 반면에 관광객이 줄어드는 2월이나 6월에 주목하면 왕복 몇십만 원 정도에 항공권을 살 기회도 보인다. 성수기를 제외하면 큰 비용을 들이지 않고 호주 여행을 다녀올 수 있는 것이다.

또 더 폭넓게 정보를 모으다 보면 '이벤트에 응모한다'나 '여행 모니터에 등록한다' 같은 방법을 찾을 수도 있다.

KEY Point

사람은 '보고 듣고 행동하기'로 정보를 모으므로 시각계, 청각계, 운동계 뇌번지를 활용한다. 세 가지 뇌번지를 단련하면 돈에 얽매이지 않고 기회를 넓힐 수 있다.

"나는 시키는 일만 하고 싶어"

두 번째 뇌번지, 이해계

이해계 뇌번지는 주어진 여러 정보를 정리하고 이해하는 작용을 한다.

우뇌의 이해계 뇌번지는 그림이나 영상 같은 비언어 정보를 이해한다. 사진이나 비디오를 보며 "이 방은 너무 어질러 졌네", "이 거리는 발전했군" 등의 정보를 이해하는 것은 우뇌의 작용이다.

좌뇌의 이해계 뇌번지는 문장이나 대화 같은 언어로 된 정보를 이해한다. "이 문장 되게 좋은데?", "이렇게 말해야 이해하기 좋겠어" 하고 이해하는 것이 좌뇌의 작용이다.

이해계 뇌번지가
약하면

이해계 뇌번지가 약해지면 무엇을 보고 들든 "대충 알겠네", "그럴지도 모르지" 등 모호한 해석을 하게 된다. 또, 아이디어가 부족해지고, 새로운 발상을 원하지 않는 경우도 이해계 뇌번지의 작용에 문제가 있을 가능성이 크다.

하나부터 열까지 말로 설명하지 않으면 꼼짝도 안 하는 사람이나 지시만 기다리는 사람은 대체로 우뇌의 이해계가 약하다. 우뇌가 약하면 눈에 보이지 않는 것을 상상하기 어려워지기 때문이다.

좌뇌의 이해계가 약하면 타인이 하는 말의 흐름을 이해하지 못하고 전체적인 진의를 파악하기 어려워진다. 이해하는 힘을 갖추려면 미지의 대상에 관심과 호기심을 품고 알려고 하는 자세가 필요하다.

KEY Point ———
이해계 뇌번지는 정보 처리와 분석을 맡는다.

아이가
게임만 해서
걱정이라면?

아이는 자기가 아는 일, 할 수 있는 일, 하고 싶은 일을 한다. 게임 속에서 이해하는 것이 많아지면 책상에 앉아 이해 못 하는 공부를 하거나 밖에서 노는 것보다 게임을 우선하게 된다. 이해할 수 있는 일을 우선하려는 뇌 구조 때문이다.

게임에 너무 집중하는 바람에 플레이 시간을 스스로 조절하지 못 하게 되면, 나중에는 일상생활에도 지장이 생긴다. 이것이 게임 중독의 위험성이고, 이미 사회적으로도 큰 문제이다. 가벼운 마음으로 게임기를 선물했는데 아이가 게임에 중독되어 고민하는 부모도 많을 것이다.

게임을 과도하게 하면 수면 시간이 불규칙해지고, 제때 식사를 챙기지 못하는 일이 잦아지며, 운동 부족이 심각해져서 생활 리듬이 엉망으로 무너진다. 공부할 기력도 생기지 않고, 학교도 자꾸 쉬게 되고, 식사하면서도 게임기를 손에서 놓지 못한다.

요 몇 년은 코로나 유행으로 집에 머무는 시간이 길어지면서 게임 중독이 더욱 심각해졌다. 하루에 15시간이나 게임을 하는 아이의 사례를 접한 적도 있다.

뇌는 '게임을 하면 즐겁다'라고 느끼면, 그걸 학습해서 몇 번이고 반복하려는 성질을 지녔다. 게임을 반복하면 특정 뇌번지만 쓰고 다른 뇌번지는 거의 쓰지 않게 된다. 디스플레이를 계속 바라보니까 시각계 뇌번지를 쓸 것 같은데, 사실은 안구를 거의 움직이지 않으므로 오히려 시각 기능을 쓰지 않는 뇌가 된다.

게임 중독 증상이 있는 아이의 뇌MRI를 찍었을 때, 뇌에 선명한 도로가 지나는 걸 보았다. 쓰지 않는 부분은 새하얗고 쓰는 일부만 두드러지는 모습이 마치 도로처럼 선명해 그렇게 보인 것이다. 이런 상황은 일부 뇌가 활성화된 것이 아니라 다른 부분이 전혀 활동하지 않는 것이다. 그야말로 '게임으로 만들어진 뇌'여서 그 모습을 보고 뭐라 말할 수 없는 두려움을 느꼈다.

자녀의 게임 중독을 걱정하는 부모라면 우선 가벼운 마음으로 게임기를 사 주지 말아야 한다. 주더라도 '하루 30분만' 같은 규칙을 정해 두어야 한다. 그보다 오래 게임을 시키면 중독되기 쉬우며, 게임할 때 이외에는 아이 손이 닿지 않는 곳에 게임기를 두고 부모가 관리하는 게 좋다.

게임 중독의 가장 큰 문제는 운동 부족과 수면 부족이다. 운동과 수면에 충분히 시간을 할애하면 게임에 쓸 시간은 필연적으로 줄어들도록 되어 있다. 수면과 운동에 집착하는 것은 생체가 지닌 기본 기능이다. 게임 집착이 이보다 더 강해지는 상황은 분명 이상한 일인데, 일단 이렇게 되면 개선하기 쉽지 않으니 미리 주의하는 것이 최고라고 할 수 있다.

KEY Point
참을성 있게 밖으로 데리고 나가는 것부터 시작해 보자. 어려서부터 밖에서 놀고 책을 읽고 라디오를 듣는 즐거움을 알도록 부모가 도와야 한다.

※ ※ ※ ※

평등하게
분배 받지 못할까
불안하다면?

　돈에 품은 집착이 문제로 발전하기 쉬운 상황이 바로 유산 상속이다. 부모를 오랜 세월 돌본 장남이 유산을 많이 상속 받고 싶다고 주장하면, 다른 남매가 일제히 반발해서 문제가 생기는 경우를 흔히 본다. 당사자 간에 대화로 해결하지 못해 결국 재판까지 가는 사례도 드물지 않다.

　형제·자매끼리는 그다지 험악한 사이가 아닌데도 문제가 생기기도 한다. 장남이 2분의 1, 차남과 삼남이 4분의 1씩 상속하기로 이미 합의했는데, 나중에 차남의 아내 같은 제삼자가 갑자기 끼어드는 패턴이다. 제삼자인 차남의 아내가 "법정 상속분은 3분의 1씩이니까 받을 돈은 받아야지"라고 주장한 결과, 모처럼 합의했던 사항이 깨지기도 하는 것이다.

이런 문제를 해결하려면 법률에 따라 조리 있게 생각해야 한다. 기본적으로는 법률로 정해진 상속분을 염두에 두고 부모를 돌보는 데 얼마나 공헌했는지, 생전에 부모가 특정한 자식에게 금전적인 원조를 했는지를 고려해 이해계 뇌번지를 써서 서로 충분히 받아들일 수 있는 적정 상속분을 끌어내야 한다.

또 상속으로 발생하는 여러 문제를 예방하려면, 부모가 살아 있는 동안 유언장을 잘 작성해 두는 것도 중요하다. 나이를 먹은 부모가 '인생은 유한하다'는 진실에서 시선을 피하고 돈 문제를 계속 방치하면 높은 확률로 문제를 불러오게 된다.

어느 정도 나이가 되면, 임종을 염두에 두고 행동하는 것이 이상적이다. 미리 재산을 정리하고 상속 계획을 세워 두면 남은 가족도 평화롭게 안심할 수 있다.

KEY Point —————————————————————————————————

이해계 집착으로 문제가 생기지 않게 평소 이해계 뇌번지를 훈련하자.

"나이를 먹더라도
젊게 살고 싶어"
세 번째 뇌번지, 감정계

감정계 뇌번지는 희로애락이나 좋고 싫은 감정을 만들고 표현할 때 작용하는 뇌번지이다. 이 뇌번지도 우뇌와 좌뇌로 나뉘고, 인간의 감정은 우뇌 감정과 좌뇌 감정으로 성립된다.

우뇌의 감정계 뇌번지는 사람의 표정이나 그 자리의 분위기 등에서 '상대의 감정'을 읽어 낸다. 영화나 드라마를 보다가 울 때도 우뇌가 작용한다.

좌뇌의 감정계 뇌번지는 '자기감정'을 생성한다. 자기감정을 다루는 좌뇌는 우뇌보다 늦게, 천천히 성장한다. 타인의 감정을 읽어 내는 경험을 통해 "감사한다는 건 이런 감정이구나!", "기쁘다는 건 이런 감정이구나!" 하고 자기감정이 명확해진다. 그러다가 자기감정을 언어로 표현하는 것이다.

감정계 뇌번지가 약하면

우뇌의 감정계 뇌번지가 약하면, 주변 사람들의 감정을 정보로 받아들이기 어려워한다. 타인의 감정을 잘 읽어 내지 못하다 보니 타인에게 공감을 잘 못 하기도 한다.

좌뇌의 감정계 뇌번지가 약하면, 자기감정에 따라 움직이기 어려워져서 주변 사람들에게 휩쓸리기 쉽다.

감정계 뇌번지는 노화가 느리고 평생에 걸쳐 성장한다. 두근거리거나 신나는 경험을 많이 하는 고령자 중에 젊고 활기찬 사람이 많은 이유가 여기에 있다.

KEY Point ─────────────────────

감정계 뇌번지는 상대의 감정과 나의 감정을 표현하도록 하는 곳이다.

젊음을
잃는 게
두렵다면?

노화를 걱정하며 젊음에 집착하다 못해 젊음을 잃는 것에 공포를 느껴 비싼 건강식품을 섭취하거나 성형을 반복하는 사람이 있다. 나도 성형까지는 할 생각이 없지만 젊음을 잃기 싫은 마음만은 충분히 공감할 수 있다. 내 뇌의 작용에 한해서는 아직 젊음을 잃지 않았다고 자부한다. 풍부한 발상력을 자랑하며 열정적으로 연구했던 30대, 40대와 비교해도 그렇게까지 약해지지 않았다고 생각하기 때문이다.

하지만 내 자식이나 젊은 사람의 싱그럽고 탄력 있는 피부

나 주름 없는 얼굴을 보면, 나와 엄연히 차이가 있어서 솔직히 나이를 먹긴 먹었다고 느끼곤 한다. 가르치던 제자들이 보낸 연하장에서 제자의 아이가 찍힌 사진을 볼 때도 시간의 흐름을 실감하게 된다. '내 자식이 이 나이였을 때도 있었는데 시간이 벌써 한참 흘렀어'라고 생각하며 내가 이 세상에서 꽤 오래 살았다는 걸 깨닫게 되는 것이다.

최근 나와 비슷한 세대 사이에서도 '덕질'이라는 말을 자주 듣는다. 중장년들이 젊은 아이돌이나 운동선수를 열정적으로 응원하는 이유는 응원을 통해 뇌에 생기가 넘치니까 거기에 집착해서가 아닐까?

젊은 사람을 응원할 때 보통 자신이 젊었던 시절을 떠올린다. 젊은 사람이 활약하는 모습에 자신을 투영하고, 지나간 청춘 시절에 썼던 뇌 사용 방식을 재현하며 그때를 다시 느끼는 것이다.

단조로운 삶에 젖어 뇌가 매너리즘에 빠졌거나, 노화와 같이 사람의 힘으로 어쩔 수 없는 부분을 걱정하는 사람에게는 덕질을 추천한다. 단순히 즐거움과 힐링을 위해서가 아니라 사고계 뇌번지가 자극받아 뇌 작용이 높아지기 때문이다. 이것이 감정계 뇌번지의 집착을 억제해 준다

또 다른
해결책

젊음을 잃는 것에 공포를 느끼는 것은, 시각계 뇌번지로 자신을 보고 그것에 감정계 뇌번지가 자극받는 상태이다. 그에 따라 '성형한다'라는 해결책을 선택하는 것은 사고계 뇌번지를 활용하기 때문이다. 공포로 끝내지 않고 제대로 생각하는 것은 좋은 일이고, 사실 나쁜 집착은 아니라고 본다.

다만 성형은 비용 문제에 더해 계속 관리가 필요하고 약을 쓰면 부작용이 따라올 수 있는 단점도 있으므로 정말로 하려면 주의해야 한다. 우선 이런 경우는 한 단계 낮추어 정기적으로 피부 관리를 받는 등 무리하지 않는 범위 내에서 해 보는 게 어떨까?

또한, 체력을 유지하기 위한 근력 운동이나 스포츠를 해 보는 것도 좋은 시도이다. 나도 요즘 근력 저하를 막으려고 근력 운동을 시작했는데, 무리하게 하지 않더라도 꾸준히 하다 보니 근육이 조금씩 붙는 것을 확인할 수 있었다. 육체가 완전히 젊어지진 않지만, 예전에 몸을 키우던 시절의 감각을 다시 일깨워 육체가 되살아난 것 같은 감각을 느낀다. 젊음에 집착해 몸을 움직이는 시도는 적극적으로 하면 좋겠다.

KEY Point ────────────────

젊음에 집착한다고 자각하는 사람이라면 꼭 사고계 뇌번지를 자극하자.

기대에 부응하려고
과하게
노력한다면?

남의 기대에 부응하려다가 지치는 사람은 타인이 기뻐하는 것에 집착한다. 이런 사람에게 "지금 즐거우세요?"라고 물으면 "내가 즐거운 것보다 주변이 기뻐하는 게 중요해요. 그게 제일이죠"라는 대답이 돌아오곤 한다. 기대에 부응하는 것에 집착한 나머지 자기 자신을 전혀 생각하지 못하는 것이다.

'타인을 위해서'에는 한도가 없다. 제대로 못 하는 것 같다거나 한없이 부족하다는 생각이 자꾸 들어서 마음이 피폐해지기만 한다. 이 악순환에 빠지면 평소 가족이나 친구 같은 주변인과의 대화도 줄어든다.

기대에 부응하려고 노력하고 그렇게 되지 못할까 염려하는 사람은 '좋은 엄마는 이래야 해', '좋은 아내는 이래야 해' 같은 편견에 얽매인 상태이다. 게다가 좋은 엄마, 좋은 아내, 좋은 며느리처럼 집착할 선택지가 많기 때문에 이해계 뇌번지를 써서 생각하거나 사고계 뇌번지를 써서 선택하는 여유를 잃는다.

문제를 해결하려면 먼저 이해계와 사고계 뇌번지를 움직여 선택지에 우선순위를 정해야 한다. 이해계와 사고계를 움직일 때 우선 중요한 것은 자기 시간을 확보하는 것이다. 자기 시간을 만들면 차분하게 생각할 여지가 생긴다.

무엇보다 가장 중요한 것은 자신이 건강하고 즐겁고 기분 좋고 마음 편하게 지내는 것이다. 본인의 상태가 좋으면 아이의 기분도 밝아지고, 다른 가족도 안심할 수 있다. 주변 사람들도 그렇게 살기를 바랄 것이다.

본인이 약해진 상태면 남을 도울 수 없다. 먼저 자기 자신이 건강해야 한다. 그리고 자기 자신이 건강해지려면 자기 시간을 확보해야 한다.

KEY Point ──────────────────────────────

이런 사람들은 "당신만의 시간을 갖는 게 좋아"라고 말로만 하면 오히려 압박을 가할 위험성이 있다. "오늘은 아이들이랑 공원에 다녀올 테니까 그동안 편하게 쉬어", "부모님 댁에는 나 혼자 갈 테니까 하고 싶은 것 해"라는 식으로 구체적으로 돕는 것이 중요하다.

연인을
속박하고 싶은 마음을
자제할 수 없다면?

연애에 의존하는 사람의 뇌는 감정계 뇌번지가 불안정하고, 상대가 잠깐이라도 곁을 떠나면 혼란스러워한다. 그래서 항상 상대의 행동을 감시하고, 스마트폰을 검사하며 속박하려는 경향이 있다. 또, 아이는 근처에 부모나 선생님이 있으면 얌전히 책상에 앉아 공부하지만, 혼자가 되면 바로 집중력을 잃거나 책상에서 벗어나 공부 이외의 일을 한다.

이 두 가지는 사실 똑같은 현상이다. 연애를 기준으로 설명해 보면, 파트너에게 의존하는 사람은 상대와 관계를 맺을 때만 뇌가 작용하는 구조가 된 상태이다. 도중부터는 상대를 좋아하는지 아닌지 상관없다. 상대의 존재를 자기 뇌에 안정감을 주는 도구로 삼는 것이다. 그래서 음악이나 과자, 커피 등 다른 대상을 발견하면 연애 의존에서 빠져나올 수 있다.

우선 중요한 것은 의존하는 대상으로부터 거리를 두는 것이다. 연애 의존이라면 상대방과 만나는 횟수를 줄이고 연락도 줄여야 한다. 물론 상대에게서 멀어지는 것은 말처럼 간단하지 않다. 뇌 구조를 바꾸려면 그만큼 에너지가 필요하기 때문이다.

혼자가 되면 감정이 불안정해지므로 가족이나 친구에게 도와 달라고 하는 것도 효과적이다. 상황에 따라 전문가의 협력을 구할 필요도 있다.

스토커 뇌는
어떤 구조인가?

가끔 연애 의존이 심해져서 머릿속이 언제나 연인 생각으로 꽉 차고, 그 사람이 없다면 어떻게 살아가야 할지 모르겠다고 걱정하는 경우도 볼 수 있다. 연애에 의존하는 사람은 감정계 뇌번지를 조절하지 못해 상대와의 거리를 바람직하게 유지하지 못한다. 뇌가 자기감정과 상대의 감정을 제대로 구별해서 인식하지 못해서 타인에게 완전히 빠진 것이다.

연애에 이런 식으로 의존하는 사람은 만약 차이면 태도가 확 바뀌어서 스토커나 데이트 폭력의 가해자가 되기도 한다.

이런 사람의 뇌는 감정과 행동이 폭주해서 생각을 통해 제어하지 못하는 상태이다. 즉, 사고계 뇌번지가 감정계 뇌번지와 운동계 뇌번지를 제어하지 못하는 것이다. 헤어진 연인에게 호감이 있어서 집착하는 것이지만, 그 근원에는 상대에게 집착해서 자기 뇌를 활성화하고 싶다는 생각이 있다.

상대에게 집착하는 동안에는 헤어지기 전까지 상황이 잘 풀렸을 때의, 말하자면 좋은 연애 뇌를 작용하게 할 수 있다. 연애가 일단 끝나도 뇌에는 연애 뇌의 구조가 남아 있다. 그래서 현실이 달라졌는데도 연애 뇌가 쉽게 변하지 못하고 상대가 곤란해 하거나 말거나 뒤를 쫓아다니는 스토커 행위를 하게 되는 것이다.

스토커는 스토커 행위를 통해 자기 뇌의 집착하려는 작용을 완수하려고 한다. 자기 뇌를 작용하게 하는 대신 상대에게 해를 끼치는 것이다.

최근 들어 경찰에게 경고를 들은 스토커가 쫓아다니는 행위를 그만두나 싶더니, 이번에는 상대를 괴롭히려는 목적으로 성적인 사진이나 영상을 인터넷에 올리는 행위가 많아졌다. 소위 '리벤지 포르노'라는 디지털 성범죄 문제이다. 디지털 성범죄를 저지르는 이유는 스토커 행위가 억제된 결과 화풀이로 영상 업로드라는 다른 행동으로 방향이 바뀌어버린 상태이다.

쫓아다니는 행동에 대한 집착은 버릴 수 있었으나 영상을 업로드하는 디지털 성범죄로 집착 대상이 바뀌었을 뿐이다. 나쁜 집착에서 나쁜 집착으로 옮겨 갔다고 할 수 있다. 절대 좋은 집착 방식이 아니다.

나쁜 집착을 고르지 않기 위해서라도 사고계 뇌번지를 훈련해 과거에서 현실로 쉽고 올바르게 전환할 수 있는 판단력을 길러야 한다.

KEY Point
불안정해진 감정계를 단련하는 훈련, 그중에서도 '새로운 일에 도전하기', '칭찬 노트 만들기' 등을 추천한다. 또한, 사고계 뇌번지 훈련도 함께하는 것을 추천한다.

충동구매를
멈출 수 없어
걱정이라면?

'이것도 갖고 싶고 저것도 갖고 싶은' 욕구는 뇌 심층부에 있는 시상하부 등 욕구 중추나 감정계 뇌번지의 작용으로 일어난다. '이 옷을 입으면 멋져 보인다', '이 전자제품이 있으면 편리할 것이다' 같은 청각계나 시각계 정보를 외부에서 받아들이고 쇼핑하고 싶은 행동 욕구가 생기는 것이다.

감정계가 타인의 감정에 과도하게 휩쓸리는 것은 문제지만, 쇼핑하고 싶다는 자기 욕구를 갖는 것 자체는 나쁘지 않다. 통장이 거덜 나지 않는 범위로 돈을 쓴다면 오히려 풍부한 감정을 키우며 즐겁게 생활할 수 있다. 감정계 뇌번지를 잘 활용하면 의미 있는 인생을 사는 것으로 이어질 수 있다.

그런 점에서 나는 지금까지 살면서 쇼핑하고 싶다는 감정을 거의 자극하지 않고 살았던 것 같다. 2021년에 처음으로 '고향 사랑 기부'를 했는데, 상품 사이트를 보고 한참이나 멍했다. 뭘 선택하면 좋을지 전혀 알 수 없어서였다. 차도 액세서리도 없기에 평소 비싼 쇼핑을 하는 습관이 없었다. 뭘 봐도 물욕이 생기지 않아 내가 얼마나 물욕을 성장시키지 않고 살았는지 깨닫게 되었다.

그래도 가족이 좋아할 고기나 내가 먹어도 좋은 해산물, 과일, 마사지 기구 등을 선택하다가 보니 '이걸 사야지, 저것도 사야지' 하고 의욕에 불이 켜졌다. 퍼뜩 정신을 차리자 한도 금액을 넘을 정도로 돈을 쓴 뒤였다.

오랜만에 대량 구매를 한 후, 세상 사람들은 스스로 칭찬하기 위해서 쇼핑을 하는 것일지도 모른다는 생각이 들었다. '열심히 일한 내게 주는 선물'이라는 표현을 자주 듣는데, 쇼핑은 나를 인정하고 칭찬하는 행위라고 할 수 있다. 다만 나는 평소 스스로 칭찬하려는 목적으로 원하는 물건을 찾지 않았을 뿐이다.

만약 여러분이 쇼핑을 과하게 해서 빚을 지거나 가족과 문제가 생겼다면, 감정계 뇌번지가 폭주하는 것과 동시에 사고계 뇌번지의 작용이 약해졌을지도 모르니 주의 깊게 살피는 것이 좋겠다.

또 다른
해결책

어느 정도 욕구 중추를 작용하게끔 해 욕구를 갖는 것은 좋은 집착이다. 다만 피곤할 때나 한밤중에 인터넷 쇼핑을 하면 충동구매를 하기 쉬운데, 그 이유는 사고력이 떨어졌기 때문이다.

큰 물건을 살 때는 몸 상태가 좋은 날, 가능하면 머리가 맑고 사고계 뇌번지가 잘 작용하는 오전에 하는 것이 좋다.

KEY Point

사고계 뇌번지는 감정계 뇌번지의 활발한 활동으로 과도하게 물건을 샀을 때 제어하는 작용을 한다. '이걸 사면 다음 달 생활비가 부족해'라는 생각이 든다면 사고계 뇌번지가 일한 덕분이다. 그러니 돈 낭비를 막으려면 사고계 뇌번지를 같이 강화하는 게 좋다.

※ ※ ※ ※

가스불을 껐는지
하루종일
초조하다면?

외출한 후에 문을 잘 닫았는지, 불을 제대로 껐는지 걱정
하는 경험은 누구에게나 있을 것이다. 다만 '문제가 생기면
어떡하지?'라는 공포감이 남들보다 훨씬 강한 사람은 감정계
뇌번지가 약해서가 아니라 오히려 과도하게 발달했을 가능
성이 있다.

우뇌의 감정을 받아들이는 힘이 너무 강한 탓에 이것저것
상상한 결과, 뇌가 '실수하기 싫고', '두근거리기 싫고', '감정
변화를 일으키기 싫은' 상태가 된 것이다.

공포심이 너무 강한 사람은 뇌 속에서 이런저런 상상이 빙글빙글 돈다. 하지만 정말로 문제가 생기면 그때 대처하는 게 효율적이다. 생기지 않은 문제를 대처할 방법이 없는데, 상상만 무한 반복하는 것이 무슨 의미가 있을까?

공포의 상상을 멈추려면 행동 순서를 정하는 것이 중요하다. 다른 생각에 잠겨 막연하게 가스 밸브를 잠그고 문을 잠그면 뭔가 행동했다는 의식이 약해져서 정말로 그 행동을 했는지 불확실해진다. 그러니 미리 순서를 짜서 그 일을 하는 데 전념하도록 해야 한다.

예를 들어, '평소 쓰는 손과 반대 손으로 잠그고, 집 열쇠도 반대 손으로 잠그기' 같은 식으로 순서를 정해 그 순서를 밟으며 외출하는 습관을 들인다. 이렇게 하면 나중에 "순서대로 했으니까 괜찮아"라며 안심할 수 있게 된다.

KEY Point

'행동 순서 정하기'는 운동계 뇌번지를 쓰는 대처법이다. 즉, 문단속이나 불단속이 자꾸만 걱정되는 문제는 운동계 뇌번지를 활용하는 게 더 효과적일 수도 있다. 다만 뭘 해도 안심할 수 없을 때는 강박성 장애를 의심할 수 있다. 정신건강의학과 같은 곳에서 제대로 진단받아 보기를 바란다.

※ ※ ※ ※

"내 기분을
어떻게 설명해야 하지?"
네 번째 뇌번지, 전달계

자기 생각이나 마음을 남에게 전할 때 사용하는 뇌번지는 전달계이다. 말뿐 아니라 그림이나 사진, 영상, 동작 등으로 표현할 때도 전달계 뇌번지가 작용한다. 마찬가지로 전달계 뇌번지도 우뇌와 좌뇌로 나뉘고 제각각 전달하는 방법이 다르다.

우뇌의 전달계 뇌번지는 영상이나 동작 등 비언어 전달과 관계가 있다. 이곳이 강한 사람은 대단한 언어를 쓰지 않고도 자기 마음을 주변에 알릴 수 있다.

좌뇌의 전달계 뇌번지는 문장이나 대화 같은 언어를 써서 전달한다. 생각이나 마음을 언어로 잘 표현하는 것은 자기 자신을 바꿔가기 위해서 아주 중요한 행위이다. 언어를 사용함으로써 어떻게 달라지고 싶은지 명확해지기 때문이다.

전달계 뇌번지가 약하면

전달계 뇌번지가 발달하지 않으면 생각이나 마음을 전하기 어렵다 보니 사람을 사귀기 어려워하는 경향이 있다.

특히 좌뇌의 전달계 뇌번지가 약한 사람은 머리로는 생각해도 실제 행동으로 옮기기 어려워하며, 우유부단해지는 경향이 있다. 언어로 표현하지 못하고, 타인과 자기 자신에게 명확한 메시지를 전달하지 못한다.

대화가 적은 환경에서 생활하면 전달계 뇌번지가 금방 약해지니 주의해야 한다.

KEY Point ────────────

전달계 뇌번지는 언어를 사용해 생각과 마음을 표현하는 곳이다.

※ ※ ※ ※

인간관계에
질질
끌려다닌다면?

고독감이 싫어서 별로 친하지 않은 친구와도 계속 어울리는 사람이 있다. 이런 유형은 타인의 감정에 영향을 받기 쉽고 자기감정이 약한 경향이 있다. 집단 속에서 자기감정을 내보이지 못하고 항상 타인에게 휘둘려 고민이 점점 깊어지게 된다.

'상대방이 메시지를 보냈으니까 지금 당장 답을 보내야 해', '술을 마시러 가자고 하면 반드시 가야 해'라는 여기는 사이는 애초에 제대로 된 인간관계가 아니다. 진짜 친구라면 메시지에 답을 보내지 않아도, 술자리를 거절해도 여전히 친구일 것이다.

인간관계를 잘 맺는 사람은 서로 존중하며 적절한 거리감을 유지한다. 호감을 품은 사람과 적절한 거리감으로 사귀는 것이 진정한 교제 아닐까? 전달계 집착에서 기인한 인간관계에 얽매이지 않으려면 이해계 뇌번지를 활용해서 다음과 같이 본인만의 기준을 정해 두면 된다.

- 메시지 답변은 이틀 안에 한다.
- 회사 회식은 내키지 않으면 가지 않는다.

물론 남에게 이런 규칙을 굳이 밝힐 필요는 없고, 본인 스스로 규칙을 세우고 알아서 지키면 된다.

KEY Point ───────────────────────

이해계 뇌번지를 활용해 나만의 기준을 소중히 삼고 판단하자.

아이를
내 뜻대로
통제하고 싶다면?

'우리 아이는 꼭 내가 졸업한 학교에 다니면 좋겠다.'

'가업을 물려받았으면 좋겠다. 그 이외의 진로는 용납할 수 없다.'

이런 식으로 부모가 아이의 진로에 집착하는 것은 흔한 일이다. 다만 아이가 꼭 부모가 바라는 길을 걸어 준다는 보장은 없다. 아이가 부모의 기대와 다른 길을 걸으려 할 때, 솔직하게 응원하지 못하고 괴로워하는 부모가 많다.

나도 부모로서 이런 마음을 이해할 수 있다. 솔직히 말하면 나 역시 자식이 의사가 되었으면 하는 바람이 있다. 아이의 적성 등을 냉정하게 생각하면 의사가 꼭 최선의 길이 아님을 이해하는데, 그래도 역시 '의사가 되면 좋겠다'라는 희망을 버리지 못하곤 한다.

부모가 아이의 진로에 집착하는 이유는 '아이와 같은 기억을 공유하고 싶은' 마음에서 발생한다. 기억을 공유하고 싶은 마음 뒤에는 '아이 일에 더 관여하고 싶어', '아이와 대화하고 싶어'라는 의사소통을 향한 집착이 숨어 있다.

특히 아빠 쪽이 아이와의 커뮤니케이션에 강하게 집착한다. 엄마는 직접 키우고 낳았으니 아이와 함께 시간을 공유했다는 든든한 확신이 있다. 그러나 아빠는 그런 실감이 적다 보니 아이와 같은 시간을 공유하고 같은 기억을 만들기를 강력히 원한다.

이런 의사소통을 향한 집착은 나쁜 집착은 아니고 오히려 좋은 집착이라고 볼 수 있다. 당연히 생겨야 해서 생기는 집착이니 굳이 부정할 건 없다. 다만 너무 집착하다가 아이의 생각을 무조건 부정하거나 아이가 희망하는 진로를 방해하는 일은 피해야겠다.

또 다른
해결책 1

아이와 함께 뭔가 배워도 좋고, 일찍 일어나 산책하는 것도 좋다. 부모가 이미 하는 일을 아이에게 시키면 경험치나 수준 차이가 나서 오히려 안 좋을 수 있으니, 가능하면 같은 눈높이에서 시작하는 것이 이상적이다.

아이의 생각이 그때그때 휙휙 변하기도 한다. '가업을 잇는 건 싫어', '부모님이 나온 대학에 가는 건 싫어'라는 생각이 영원히 지속되진 않는다. 함께 산책할 때 부모가 학창 시절이나 지금 하는 일에 관한 이야기를 들려 주면 부모의 학교나 직업에 흥미를 느낄 수도 있다.

아이는 부모가 '아이와 의사소통하고 싶으니까 내가 나온 학교에 갔으면 좋겠다'라는 집착을 품었다고는 전혀 상상도 하지 못한다. 부모가 무턱대고 진로를 강요하려고 드니까 반발할 뿐이다.

아이와 의식적으로 시간을 공유하려고 하면 부모의 집착이 아이를 괴롭히는 일도 사라지고, 결과적으로 부모가 희망하는 진로를 아이가 걸어 줄 가능성도 커진다.

또 다른
해결책 2

아이와 함께 보내는 시간은 부모와 자식 사이의 싸움을 억제하는 데도 효과적이다. 예를 들어, 아이가 밤늦게 돌아왔을 때 부모는 "도대체 지금 몇 시인 줄 아니? 정신 좀 차려라!"라고 혼내게 된다.

의사소통할 기회가 적은 경우라면 아이는 "우리 부모님은 무슨 말만 하면 화를 낸다"라고 여겨 짜증이 난다. 반대로 매일 아침에 같이 산책하거나 평소 이런저런 대화를 나눈다면 "요즘 늦게 돌아오곤 하던데 혹시 사귀는 사람이라도 생겼니?"라고 말을 걸어도 그렇게 험악한 분위기가 되진 않을 것이다.

요컨대 사사건건 지적만 하는 대화인가, 열 번의 대화 중 한 번이 지적인가에 따라 아이가 받아들이는 방식이 전혀 달라진다. 나는 이것을 '9:1 법칙'이라고 이름 지어 많은 부모에게 권장하고 있다. 아이가 무언가 하길 바랄 때 9번 칭찬하고 1번 제안하면 아이도 쉽게 받아들인다.

아빠 말은 안 듣는데 엄마 말은 듣는 경우도 엄마 쪽이 평소 아이와 오랜 시간을 함께하고 대화를 많이 나눈 것이 크게 작용하는 것이다. 중요한 것은 아이와 접점을 늘이는 것이라는 점을 기억하자.

KEY Point

의사소통에 적당히 집착하는 태도는 중요하다. 간단하게 아이와 같이 뭔가 하거나 같이 시간을 보내는 정도면 충분하다.

내 맘대로
상대방을
휘두르고 싶다면?

사람이 돈을 얻으려 할 때는 그 뒤에 반드시 어떤 목적이 있다. 회사에서 독립해 자기 회사를 차리려고 돈이 필요한 사람도 있다. 집을 사고 싶은 사람도 있을 것이다.

목적 달성을 위해 돈에 집착하는 것은 나쁜 집착이 아니라 좋은 집착이다. 다만 돈을 써서 권력을 가지려 하거나 남이 따르게 하려는 것이 목적일 때 바람직하지 않은 것이다.

일본에서 국정 선거를 둘러싸고 돈과 관련한 사건이 일어난 적이 있다. 어느 지역에서 대규모 매수 사건이 드러나 국회의원이 공직선거법 위반 혐의로 체포되었다. 후보자를 당선시키기 위해 지방 유력자에게 현금을 주고 표 집계 조작을 의뢰한 행위가 벌어진 사건이어서 세간의 주목을 받았다. 다른 곳에서도 국회의원이 선거를 앞두고 지역 현 의회의 의원에게 떡값을 강요받았다고 주장해 문제가 되었다.

또 다른 예시로는, 어느 사립대학의 이사장이 탈세로 체포되는 사건 등이 있다. 이사장은 대학 내에서 절대적인 권력을 움켜쥐고 있었는데, 권력을 등에 업고 돈을 얻어 내는 루트를 마련해 둔 것이 밝혀졌다. 이사장이 돈을 써서 권력을 유지했다는 의혹도 있어서 조사 결과를 기다리는 중이다.

이런 매수 사건이나 탈세 사건은 돈을 써서 남이 자기 말을 듣게 하려는 자세가 공통적이다. 돈으로 움직이는 방법 말고는 사람을 대할 줄 모르는 것은 일그러진 전달게 집착이 겉으로 드러난 것이라고 볼 수 있다.

KEY Point
돈에 품은 나쁜 집착을 바꾸려면 소비 목적을 바꾸어야 한다. '자기 투자'라는 기준으로 돈을 써도 좋고, 소액을 기부하는 것도 좋다.

※ ※ ※ ※

"왜 꼭 운동을 해야 하지?"

다섯 번째 뇌번지, 운동계

운동계 뇌번지는 말 그대로 몸을 움직일 때 작용한다. 앞서 설명한 것처럼, 사람이 태어나서 제일 빨리 성장하는 뇌번지이기도 하다. 운동계 뇌번지가 성장해야만 눈이나 입, 몸을 움직여 정보를 얻거나 생명을 유지할 수 있다.

운동계 뇌번지는 다른 뇌번지와 연결이 강하다는 특징이 있다. 예를 들어, 볼링을 잘하는 사람은 시각계를 써서 볼링핀의 위치를 파악하고, 사고계를 써서 어느 핀을 노릴지 선택하고, 운동계를 써서 볼링공을 던져 스트라이크를 친다.

운동계 뇌번지가
약하면

운동계 뇌번지가 약하면 다른 뇌번지에도 안 좋은 영향을 미친다. 생각을 잘 정리하지 못하거나 행동하지 못한다. 나쁜 집착에 매달리는 것을 넘어 우울증에 빠질 위험도 커진다. 아파서 누워 지내는 사람이 '나는 이제 틀렸나 봐'라는 부정적인 생각에 빠지는 것도 운동계 뇌번지가 약해졌기 때문이다.

대부분 사람은 운동계 뇌번지가 약해진 줄 몰라서 몸을 움직여야겠다는 발상에 도달하지 못한다. 그 결과, 점점 더 부정적인 생각만 하는 악순환이 시작되기도 한다.

KEY Point ————————————————————————————
운동계 뇌번지는 가장 빨리 성장하며, 몸을 움직일 때 작용하는 곳이다.

※ ※ ※ ※
계획적으로
행동하지 못해
고민이라면?

매일 생활에 쫓겨 앞으로 예정을 세우지 못하는 사람은 정말로 집착해야 할 것을 잊었을 가능성이 있다.

사실은 앞으로 일어날 사건에 집착해야 하는데, 미래는 아직 체험하지 못했으니까 상상하지 못하고 감정도 움직이지 않아 좀처럼 집착하기 어렵다. 반대로 과거 기억은 뇌 속에 남아 있으니까 집착하기 쉬워서 점점 더 미래를 향한 집착을 뒷전으로 돌리는 것이다. 그 결과로 시험 준비에 소홀해지는 것 같은 문제가 생긴다.

여름휴가 일정을 한참 전에 정해 두었는데 도무지 여행 준비를 시작하지 못하는 것도 미래에 집착하지 못하는 사람에게 흔한 패턴이다. 준비를 자꾸 미루면 여행에 드는 비용이 많아지고 원하는 호텔이 꽉 차서 묵지 못하는 불이익을 당하게 된다는 사실 등을 잊지 말아야 한다.

KEY Point

인생을 즐기려면 집착심을 좀 더 미래로 향할 필요가 있다. 그러려면 우선 생각할 시간을 확보해야 한다. '일정을 세우고 이해하는 시간을 갖기', '제한 시간을 설정해 책상이나 가방을 정리하기' 등을 추천한다.

야식을
끊을 수 없어
스트레스라면?

별로 배가 고프지 않은데도 일하는 내내 과자를 먹는다. 한밤중에 일어나 감자칩이나 컵라면을 먹는다……. 이런 경험이 있는 사람 많지 않은가? 이는 지쳐서 뇌의 각성도가 낮아졌을 때 종종 나타나는 현상이다.

각성도가 저하했을 때 뇌는 사고를 하지 못하고 대신에 운동계 뇌번지를 쓰고 싶어 한다. 안절부절못하거나 다리를 덜덜 떨거나 괜히 기지개를 자꾸 켜기도 하는데, 입 근육을 움직이는 행위를 하게 될 때도 있다. 입을 움직이는 것에는 음식을 먹는 행위가 따라오기 쉬우므로 그 결과 괜히 자꾸 먹게 되는 것이다.

자꾸만 무언가를 먹는 것은 몸을 움직이고 싶은 욕구가 '먹고 싶다'라는 욕구로 변환되었을 뿐이다. 그러니 자꾸 무언가 먹고 싶어지면 차라리 몸을 움직여서 뇌의 각성도를 높이는 것이 낫다.

KEY Point

산책, 조깅, 스쿼트, 체조, 스트레칭 등으로 몸을 움직이기만 해도 뇌 작용이 향상된다. 각성도를 더 높이려면 충격적인 것을 보고 시각계 뇌번지를 단련하는 방법이 좋다. 여기에서 충격적인 것이란 '회사나 학교에 가는 길 바꾸기', '스포츠 경기 관전하기', '걸으며 숫자 7 발견하기' 등과 같은 활동이다.

※ ※ ※ ※

"저 배우가 입은 옷을
갖고 싶어"
여섯 번째 뇌번지, 시각계

시각계 뇌번지는 눈으로 들어오는 정보를 모으고 처리하는 곳이다.

우뇌의 시각계 뇌번지는 그림이나 사진, 영상 등의 시각 정보를 인지하고 처리한다. 운동선수나 레이서는 우뇌의 시각계 뇌번지를 잘 사용해 훌륭한 움직임을 보인다. 그림을 보자마자 색이나 형태 정보를 인식하는 사람, 타인의 정보를 잘 읽어 내고 이해하는 사람은 우뇌의 시각계 뇌번지가 발달한 것이다.

좌뇌의 시각계 뇌번지는 문자 정보를 분석하고 처리하는 작용을 한다. 책의 문장을 정확하게 이해하는 사람은 좌뇌의 시각계 뇌번지가 발달해 언어 능력이 높은 것이다.

시각계 뇌번지는 감정계 뇌번지와 잘 연결되는데, 예를 들어 섹슈얼한 사진을 봤을 때 뇌의 감정계가 움직였다는 실험 결과가 있다. 이처럼 시각은 우리의 감정을 강하게 자극한다.

시각계 뇌번지가
약하면

우뇌의 시각계 뇌번지가 약하면 사람의 표정을 보고 기분을 이해하거나 분위기를 파악하는 데 어려움을 겪는다. 그림도 잘 그리지 못하게 된다.

좌뇌의 시각계 뇌번지가 약하면 글을 오래 읽는 것이 힘들어지므로, 책을 보면서 공부하는 것도 어렵게 느끼게 된다.

KEY Point ────────────────
시각계 뇌번지는 눈으로 읽은 정보를 분석하고 처리하는 역할을 한다.

※ ※ ※ ※

광고를
볼 때마다
충동구매한다면?

광고에는 '시각에 호소하는 전략'과 '말에 호소하는 전략'이 있다. 시각에 호소하는 전략은 대중적으로 호감이 있는 배우에게 팔고 싶은 옷을 입히거나 차에 타게 한다. 시각적으로 '이 상품을 쓰면 이렇게 매력적인 사람이 될 수 있다'라는 메시지를 보여주는 것이다.

말에 호소하는 전략은 배우에게 맥주를 마시게 해 얼마나 맛있는지 말하게 하거나, 광고 문구로 상품의 매력을 어필한다. "이거 지금 가게에서 계속 매진이래", "인플루언서 사이에서 유행한다나 봐" 같은 입소문도 말에 호소하는 광고의 일종이다.

시각계 뇌번지가 강한 사람은 시각에서 큰 영향을 받는다. '저 배우가 한 거랑 같은 목도리를 갖고 싶어'라고 생각하는 것은 시각계가 강하기 때문이다. '길에서 어떤 자동차를 봤는데 꼭 갖고 싶어졌다', '다른 사람이 멘 가방을 갖고 싶다' 같은 생각 역시 보이는 것에 집착하는 것이다.

외형을 보고 좋아하는 게 딱히 문제는 아니지만, 뭐든지 눈에 보이는 족족 사버린다면 통장 사정에 좋지 않다. 적당히 단속할 필요가 있다.

KEY Point
충동구매 때문에 힘들다면, 판단력을 갖추기 위한 사고계 뇌번지 훈련이 효과적이다. 특히 '비교하고 선택하기'를 추천한다.

※ ※ ※ ※

"헤어질 때 들은
그 말을 못 잊겠어"
일곱 번째 뇌번지, 청각계

청각계 뇌번지는 귀로 들어서 얻은 정보를 모으고 처리하는 뇌번지이다.

우뇌의 청각계 뇌번지는 외부의 소리에 주의를 기울이는 작용을 한다. 음악을 들을 때는 주로 우뇌의 청각계 뇌번지로 멜로디를 파악한다. 좌뇌의 청각계 뇌번지는 주변 사람이 하는 말, 혹은 자기 말에 주의를 기울이는 구조이다.

청각계 뇌번지가
약하면

청각계 뇌번지가 약해지면 소리에 무관심해지고 남의 말을 들으려는 의욕이 사라진다. 다른 사람의 말을 들어도 무슨 뜻인지 잘 이해하지 못하고, "지금 뭐라고 말했어?"라고 자꾸 되묻는 것은 꼭 청력 탓이 아니라 청각계 뇌번지에 문제가 있을 확률이 크다.

KEY Point ────────────────────────
청각계 뇌번지는 귀로 얻은 정보를 분석하고 처리한다.

부정적인 말이 머릿속에서 떠나지 않는다면?

'벌써 몇 달 전 일인데 직장 상사가 혼내면서 한 말을 잊지 못하겠다.'

'예전에 사귀던 사람에게 차일 때 들은 말이 생각난다.'

이런 집착은 청각계 뇌번지가 강한 사람에게서 흔히 보인다. 청각계가 강한 사람은 귀로 정보를 얻으려는 경향이 있어서 부정적인 말을 들으면 기억에 아주 잘 남는다. 또 청각계는 강한데 시각계 뇌번지가 약한 경향도 있다.

부정적인 소리를 들어 괴로워하는 사람의 밑바탕에는 '긍정적인 말을 듣고 싶다'라는 욕구가 있다. 긍정적인 말을 원하다 보니 부정적인 말에 금방 반응하고 상처받는 것이다.

또 남성과 여성을 비교하면, 여성은 남성에 비해 상대적으로 부정적인 말에 잘 끌려가는 편이다. 남성은 부정적인 소리를 들으면 순간적으로 반발하고 끝인 사람이 많은데, 여성은 청각계가 비교적 강해서 들은 말에 계속 연연할 확률이 크다.

KEY Point ————————————————————————

청각계가 강해서 부정적인 말이 자꾸 신경 쓰는 사람은 시각계 뇌번지를 훈련하자. 특히 '그림을 그려 상황을 정리하기'를 추천한다.

☀ ☀ ☀ ☀

"자주 무기력하고
흥미도 잘 생기지 않아"
여덟 번째 뇌번지, 기억계

정보를 축적하고 자유자재로 사용하는 역할을 하는 곳은 기억계 뇌번지이다. 기억은 크게 '지식 기억'과 '감정 기억'으로 나뉘는데, 지식 기억은 사고계 뇌번지, 감정 기억은 감정계 뇌번지와 깊은 관련이 있다. 그러니 기억계 뇌번지뿐 아니라 사고계 뇌번지와 감정계 뇌번지도 잘 작용하게 해야 기억이 쉽게 정착된다.

이 뇌번지 역시 우뇌와 좌뇌로 나뉜다. 우뇌의 기억계 뇌번지는 비언어 정보 기억, 좌뇌의 기억계 뇌번지는 언어 정보 기억과 관련이 있다. 또한 기억계 뇌번지는 뇌에 새로운 정보를 넣는 역할과 함께, 들어온 정보를 떠올리는 구조도 갖추고 있다. 이 뇌번지는 미래의 기억을 만들어 내는 역할도 한다.

기억계 뇌번지가 약하면

기억계 뇌번지가 약하면 각성 수준이 낮아져서 낮에 활동할 때 멍해지기 쉽다. 그 무엇에도 흥미를 느끼지 못하고, 낮에 잠이 쏟아지는 증상이 쉽게 나타나기도 한다. 의욕이 넘쳐 활기찰 때는 기억계 뇌번지 안의 좌뇌와 우뇌의 해마가 활동하기 쉬워져서 기억이 잘 정착한다.

해마가 약해지거나 움직이지 않으면, 주변 일에 흥미가 생기지 않고 심지어 지금 무슨 일을 해야 하는지 생각하기도 어려워진다.

만약 우뇌의 해마가 약해지면 최근 본 것이나 경험한 일을 잘 떠올리지 못하고, 다른 사람에게 상황을 설명하기 어려워하게 된다. 좌뇌의 해마가 약해지면 다른 사람의 말을 듣는 족족 머릿속에서 빠져나가서 지금 막 들은 말인데도 "뭐라고 말했어?"라고 되묻는 일이 많아진다.

실제로 치매 환자는 미래 기억을 만들기 어려우므로 '내년에는 이걸 하겠다'와 같은 목표를 세우지 못한다. 그래서 새로운 발상을 떠올리지 못하거나 보수적으로 생각하게 되고, 과거의 경험에 쉽게 집착하는 것이다.

KEY Point

기억계 뇌번지는 지식과 감정에 관한 모든 기억을 저장하고 활용한다.

☀ ☀ ☀ ☀

종일 스마트폰을
붙들고 있어
걱정이라면?

스마트폰에 의존하는 사람이 급증하는 추세이다. 아니, 오히려 거의 모든 사람이 스마트폰 중독이라고 해도 과언이 아니다.

스마트폰을 손에서 놓지 못하는 사람에게 스마트폰을 들여다보는 것은 다음 행동으로 옮겨가기 위한 스위치다. 아침에 눈을 뜨면 우선 스마트폰부터 봐야만 침대에서 일어날 수 있고, 스마트폰을 봐야만 밥을 먹을 수 있고, 스마트폰을 본 후에야 목욕을 할 수 있는 그런 상황인 것이다. 그러니 스마트폰이 가까이 없으면 불안해져서 필사적으로 찾게 된다.

스마트폰이 일으키는 문제로 행동 제한이 일어나는 점도 있다. 텔레비전이나 라디오는 틀어 놓고 집안일을 할 수 있는데, 스마트폰은 걸으며 볼 수 없고 손으로 다른 일을 하며 확인하기 어렵다. 그러니 스마트폰을 쥐고 있으면 행동이 극단적으로 제한된다. 흔히 말하는 스마트폰에 지배받는 생활이 이어지는 것이다.

스마트폰을 놓지 못하는 사람은 사용 시간 정하기, 침실에 가지고 들어가지 않기 등의 규칙을 정해야 한다. 가장 중요한 것은 사용 목적을 한정하는 것이다.

스마트폰의 제일 편리한 기능은 검색이다. 대화하다가 생소한 말을 들었을 때, 통계 데이터를 확인할 때 스마트폰으로 검색하면 금방 답을 찾을 수 있다. 이처럼 스마트폰의 용도를 검색 기능으로 한정한다면 사용 시간을 대폭 줄일 수도 있다.

KEY Point

스마트폰 중독으로 곤란한 사람은 운동계 뇌번지를 훈련하자. 특히 '일상생활에서 대화를 늘리기'를 추천한다.

※ ※ ※ ※
군것질을
도저히 못 참겠어
고민이라면?

편의점에서 새로운 디저트를 보면 반드시 사고, 다이어트 중인데도 달콤한 음식을 무심코 입에 넣고, 초콜릿이라면 사족을 못 써서 매일 먹어야 한다……. 이런 상황은 뇌에 쾌감을 재현하려는 구조가 만들어진 것이다. 달콤한 음식을 보기만 해도 '파블로프의 개'처럼 뇌가 조건반사적으로 반응해 달콤한 음식을 먹어 행복해지려고 하는 것이다.

나는 어려서부터 팥소를 좋아했는데, 아마도 그 기원은 어머니가 만들어주신 찹쌀떡일 것이다. 돌아가신 조상님을 추

모하는 춘분과 추분 전후의 오히간(お彼岸) 기간에 어머니는 '오하기'라는 이름의 찹쌀떡을 만들어 주었다. 어렸던 나는 이 찹쌀떡을 얼마나 기대했는지 모른다. 그러나 사실 이렇게 좋아하는 음식에 대한 기대는 기억계와 감정계의 집착일 뿐이다.

어렸을 시절, 지방 도시에서 과자는 아직 귀한 물건이었다. 그래서 할머니에게 받은 과자도 기억에 선명하게 남아 있다. 다만 할머니가 사 주신 과자는 종류가 한정적이라 보통 전병이나 맛동산 같은 것을 먹곤 했다.

"할머니, 과자 주세요."
"맛동산이 있구나."
"에이, 또 맛동산이에요?"

이런 대답을 해서 할머니를 곤란하게 했는데, 지금은 그리운 추억이 되었다. 어렸을 때 맛동산을 너무 많이 먹어서 이후로 거들떠보지도 않았는데, 미국에 가려던 때 문득 이런 생각이 들었다. '그리고 보니 미국에 가면 맛동산을 팔지 않겠네. 이제 맛동산을 못 먹는 서 아닌기?' 하고 말이다 못 먹는다고 생각하자 신기하게도 너무 먹고 싶었다. 허둥지둥 대량으로 사 와 캐리어에 담았던 기억이 있다.

또 다른 기회로 미국에 갔을 때는 공항 매점에 있던 단팥빵을 거의 다 사기도 했는데, 현지에 입국하다가 걸려서 전부 폐기되고 말았다. 그때의 충격은 지금도 잊지 못한다.

이처럼 음식을 먹을 때 느낀 행복감은 기억에 정착하고, 그 후로 계속 뇌의 구조를 이루어 작용하게 된다.

KEY Point

달콤한 음식을 참기 힘들 때는 보통 지쳤을 때가 많다. 이럴 때 뇌가 당분을 원한다고 보통 표현하는데, 뇌과학적으로 뇌의 피로를 치유하려면 당분보다는 수면이 효과적이다. '짧게 낮잠 자기'를 추천한다.

※ ※ ※ ※

헤어진 연인이 자꾸 생각난다면?

지금 행복한 가정을 꾸리고 사는 사람도 때때로 예전 연애를 떠올리고 '그 사람, 지금은 어떻게 지낼까?', '한 번 더 만나고 싶네' 같은 생각을 한다. 예전에 사귀던 사람이 생각날 때마다 지금 파트너에게 죄책감을 느끼는 사람도 많을 것이다. 그게 싫어서 예전 연애의 기억을 전부 버리고 싶다고 생각할지도 모른다.

그러나 예전 연애를 떠올린다고 지금 파트너에게 불성실한 것은 아니다. 억지로 예전 연애의 기억을 버릴 필요도 없다. 지금 다른 파트너와 행복하게 생활하는 것과 예전 연애의 기억을 떠올리는 것은 아무런 문제 없이 양립할 수 있다.

사람은 많은 사람과 만나고, 돈을 쓰고, 물건을 사고 버리고, 말하는 행위를 통해 다양한 경험을 쌓는다. 과거에 했던 연애 경험도 나라는 인간을 형성하는 중요한 기억이니 그걸 버리는 것은 기본적으로 불가능하다.

기억계와 감정계가 예전 연애에 어떻게 반응하느냐가 중요하다. 예전 연애를 떠올리고 괴로워한다면 문제인데, 기분이 좋아진다면 때때로 떠올려도 괜찮다.

'그 사람과 사귀면서 다정함이 무엇인지 알았지.'
'이런 행동을 했을 때 그 사람이 기뻐했어.'

이런 행복했던 경험은 지금 생활에도 활용할 수 있으므로 굳이 버리지 않아도 괜찮다.

동창회 같은 기회로 예전 연인과 재회하는 것이 의미 있게 작용하기도 한다. 예전 연인과 재회해서 불륜에 빠지면 당연히 문제지만, 상대가 현재 어떻게 지내는지 보고 '이렇게 행복하게 사는구나. 축복해야겠네'라고 생각하는 경험은 서로

가 긍정적인 인생을 살아가게 하는 힘이 되기도 한다.

KEY Point ────────────────────────────────────

괴로운 기억을 좋은 기억으로 덧씌우기 위한 기억계 뇌번지 트레이닝 '어제 있었던 일 중 베스트 3을 생각하기'를 추천한다.

※ ※ ※ ※
학력이나 지위에 지나치게 연연한다면?

원래 학교는 내가 모르는 것을 가르쳐 주는 곳이자 배우는 곳이다. 가장 중요한 것은 '누구에게 무엇을 배우는가'이므로 그걸 충족해 주는 학교를 우선해야 한다. 대학 지명도나 인기도는 원래 아무래도 좋은 것이다.

회사 역시 그렇다. 받아들일 수 있는 고용 조건이면서 내가 하고 싶은 일을 할 수 있는 회사를 선택하는 것이 건전한 발상이다. '명문대니까', '부모님이나 친척 어른이 잘 아는 회사니까'라는 이유로 진로를 결정하는 시대는 끝났다.

그런데도 학력이나 회사 내 지위에 집착하고 오로지 그것으로만 자신을 표현하려는 사람이 있다. 이는 곧 브랜드나 권위의 기억에 과하게 집착하는 것이다. 이런 사람은 명문대 입학이나 취직 인기 랭킹의 상위권인 대기업에 입사하려고 고집한다.

또 사회인이 된 후에는 오로지 높은 직책에 오르는 것만을 목표로 삼는다. 높은 지위를 활용해 중요한 일을 하거나 후진을 육성하는 것은 뒷전이고, '부장인 나' 또는 '이사인 나'에 강렬하게 집착하는 것이다.

이런 유형의 사람은 순수한 능력이나 실력으로는 승산이 없다는 걸 아는 경우가 많았다. 그래서 자기보다 지위가 높은 사람이나 권력을 지닌 사람에게는 필요 이상으로 굽실거리는 한편, 본인의 능력을 꿰뚫어 본 사람은 노골적으로 피하려고 한다.

이런 사람이 맺는 인간관계는 굽실거리기와 무시하기라는 두 가지 선택이 전부여서 사람을 평등하게 대하지 못한다. 슬프게도 이런 유형은 가족이나 친구에게 소외되는 경우도 대부분이다. 자기 지위를 등에 업고 가족이나 친구, 가까운 사람에게도 거만한 태도를 보이니까 주변 사람들이 상대해

주기 싫은 것도 당연하다.

학력이나 지위에 집착하는 인생이 대체 뭐가 그렇게 즐거운가 싶은데, 어쩌면 학력과 지위에 집착하는 사람이 의외로 이 세상의 다수파일지도 모른다. 그들은 괴이할 정도로 기억에 집착하고, 세상이 만든 브랜드나 권위 같은 기억을 중요하게 여긴다. 명문대에 합격하는 사람 대부분 기억력이 뛰어난 것도 완벽하게 합치한다.

한편, 이해계 뇌번지는 거의 작용하지 않아서 새로운 아이디어를 내거나 타인의 심정을 상상하는 것은 압도적으로 서투르다. 게다가 신분에 집착하는 사람은 회사 내 서열을 회사 밖으로도 끌어오려고 한다. 언제나 상하관계를 중시하며 뇌를 사용하기 때문에 세상을 보는 자기 견해나 이해 방식을 바꾸려고 하지 않는다.

게다가 본인이 생각하기에는 별로 곤란한 것이 없으니까 애초에 집착을 바꾸고 싶거나 달라지고 싶다는 자각이 없으니 더욱더 골치인 유형이다.

KEY Point ————————————————————

이런 사람에게는 주변에서 지위와 관계없는 일을 하도록 제공하면 좋다.
이해계 뇌번지 훈련인 '지역 활동에 참여하기'를 하도록 유도해 보자.

※ ※ ※ ※

실연한 뒤
일상을 되찾지 못할까
두렵다면?

뇌는 새로운 기억(recent memory)에 엄청난 영향을 받는다. 최근에 나를 찬 사람을 잊지 못하고 자꾸만 생각하면 뇌가 차였을 때의 기억에 크게 영향을 받아 과거를 수없이 반복하는 상태에 빠지게 되는 것이다. 기억을 반복해서 떠올림으로써 뇌가 그 기억을 중요 사항으로 판단하고 점점 더 강화하는 것이다.

이럴 때는 자기 방에 틀어박혀 있지 말고 최대한 밖에 나

가서 새로운 기억을 만드는 게 효과적이다. 의식을 몸에 기울이고 운동계를 비롯한 다른 뇌번지를 사용하면 감정계에 휘둘리는 것을 멈출 수 있다.

그런 의미에서 실연하고 바로 여행을 떠나는 것은 아주 이치에 맞는 행동이다. 머리카락을 자르는 것도 실연했을 때의 기억을 버리고 새로운 기억을 만드는 행동이라고 볼 수 있다. 연인과 동거를 했다면 그 집에서 계속 살기보다 얼른 집에서 나와 이사하는 등 환경을 바꾸는 것도 좋다.

KEY Point ────────────────────────────

운동계 뇌번지 훈련을 꼭 해 보자. 운동계 뇌번지는 다른 뇌번지와 연결이 강해서 새로운 기억을 만드는 데 즉각적인 효력이 있다.

4장

"어떻게 해야
걱정을 버릴까?"

걱정 끄기 연습 4 ※ 36가지 뇌 사용법

10분 이상 걱정하지 말라.
우리가 아는 걱정거리 40%가
절대 일어나지 않을 사건들에 대한 것이고,
30%는 이미 일어난 사건들,
22%는 사소한 사건들,
4%는 우리가 바꿀 수 없는 사건들에 대한 것이다.
나머지 4% 미만이 우리가 대처할 수 있는 진짜 사건이다.

—

어니 J. 젤린스키 Ernie J. Zelinski

사고계를
강화하는
훈련

뇌번지 훈련 1
오늘의 목표를 15자 이내로 생각하기

제대로 기능하지 못하는 사고계 뇌번지를 단련하려면, 깊게 생각하는 습관을 들이는 게 좋다. 다만 목적 없이 생각하는 건 어렵다. 또 바쁘게 살다 보면 깊이 생각할 시간이 없다고 느끼는 사람도 많을 것이다.

그래서 추천하는 훈련은 '아침에 일어나자마자 오늘 목표를 15자 이내로 생각하기'이다.

아침에 눈을 뜬 바로 그 타이밍에 오늘 하루의 목표를 15자 이내로 생각한다. '회사 사람에게 큰 소리로 인사하자', '책을 50쪽 읽자', '친구 생일 선물을 사자' 등 어떤 목표를 세워도 좋다.

다만 '오늘도 활기차게 힘내자' 같은 목표는 너무 두루뭉술하다. 최대한 구체적으로 생각하는 것이 핵심이다. 15자라면 그다지 오랜 시간을 투자하지 않아도 생각할 수 있고, 큰 스트레스가 되지 않는다.

목표를 세울 때 이미 잡힌 예정이 있다면 어떻게 진행할지 상상하고 머릿속에서 시뮬레이션한다. 이 행위가 사고계 뇌번지를 자극한다. 또 글자 수에 제약을 두면 적절한 표현과 말을 고르려는 사고력이 작용한다. 이것도 사고계 뇌번지 활성화를 돕는다.

아침부터 사고계 뇌번지를 적절하게 활용하려면 꼭 필요한 것이 충분한 수면이다. 수면 부족인 상태로는 목표를 세워도 사고계가 잘 작용하지 않아 훈련 효과를 얻지 못한다. 수면 시간을 충분히 확보한다는 핵심을 잊지 말자.

뇌번지 훈련 2
덕질하기

좋아하는 대상을 응원하는 '덕질'은 매너리즘에 빠진 일상을 살다가 매너리즘 뇌가 된 사람에게 다시금 의욕을 선사해 준다. 즐겁고 힐링되는 것에 더해 응원하는 대상이 사고계 뇌번지를 자극해서 뇌 작용을 신선하게 하는 것이다. 이러면 감정계 뇌번지의 집착을 억제할 수 있다.

익숙해질 대로 익숙한 생활은 뇌와 몸의 에너지를 거의 쓰지 않고도 사는 데 전혀 지장이 없고 안정적인 '집착 뇌' 상태이다. 그런데 뇌는 새로운 것을 넣어 주지 않으면 활성화하기 어려운 기관이다.

"너무 좋아!"라는 기분은 보상을 얻으려는 뇌 부위를 자극해서 도파민 같은 의욕 물질을 나오게 한다. 이러한 보상 행동은 사람을 만나러 나가고, 정보를 수집하고, 굿즈나 잡지를 사러 가는 새로운 행동에 도전하도록 촉진해서 뇌를 활성화한다. 아이돌이나 유명인을 무작정 응원하는 데 그치지 말고 스스로 좋아할 수 있는 대상이나 사람을 찾아보자.

덕질은 내 가치를 발견하는 것으로 이어진다. 다만 한 가지(한 사람)를 덕질하는 것에 집착하면 다른 가치에 주의력을 기울이지 않게 될 위험성도 있다. 최애의 카테고리나 숫자를 늘리는 편이 사고계 뇌번지가 자극되므로 바람직하다.

뇌번지 훈련 3
비교하고 선택하기

판단력을 갖추려면 비교하고 선택하는 사고계 뇌번지 훈련이 효과적이다. 내 경우 두 가지 상품을 두고 뭘 살지 망설일 때 "그냥 두 개 다 사버리지 뭐!"라고 편하게 판단하는 경향이 있다. 하지만 그렇게 두 개를 사도 결국 하나만 쓰고 나머지 하나는 서랍에 넣어 두고 그냥 방치하게 되는 일이 많았다.

가게나 인터넷에서 쇼핑할 때는 다양한 상품을 충분히 비교하고 무엇을 고를지 원칙을 세우는 게 좋다. 선택할 때 '판단 기준'을 만들어 두는 것은 무엇보다 중요하다. 예를 들어, 사과를 산다고 할 때 '빨갛고 윤기가 흐르고 형태가 예쁜 것, 꼭지 쪽이 노랗지 않은 것'이라는 기준을 세우면 두 개의 사과 중 하나만을 고를 수 있다.

'비교하고 선택하기' 습관을 의식적으로 들이면 사고계 뇌번지를 단련할 수 있다.

뇌번지 훈련 4
짧게 낮잠 자기

지쳤을 때는 과감하게 낮잠을 자는 것도 좋은 방법이다. 낮잠을 자면 뇌의 기능이 꺼지므로 피로를 풀 수 있다. 10~15분 정도 짧은 낮잠도 뇌 속 신경 세포의 활동을 회복하도록 돕는다는 연구 결과가 있다.

피곤하면 잠깐 낮잠을 잔 뒤 다시 책상에 앉도록 하자. 그래야 사고계 뇌번지도 활성화하고 일이나 공부 생산성이 높아지는 효과를 기대할 수 있다.

뇌번지 훈련 5
게임에서 일부러 지기

게임에서 일부러 지는 행위는 사고계 뇌번지를 단련하고 "이기는 게 당연하지!"라는 과거의 편견 어린 기억을 바꾸어 준다. 이를 통해 어느 한쪽으로 기울어지지 않고 과거의 기억을 바라볼 수 있게 된다.

사람은 원래 승패가 걸리면 이기고 싶은 법이다. 초등학교 달리기 경주는 물론이고 입시, 취업, 출세 경쟁 등 우리 인생에는 언제나 경쟁이 따라온다. 이 말은 곧, 우리가 출실한 인생을 살기 위해 승리에 집착하는 습성이 있다는 뜻이다.

이기고 싶은 뇌의 작용을 거슬러서 일부러 지는 게임에 도전해 보자. 예를 들어, 오셀로나 장기를 둘 때 일부러 지려면 한 수 앞을 생각하며 게임을 진행해야 한다. 평소와 다른 시점으로 게임을 바라보면 사고계 뇌번지가 자극받는다.

혹은 가위바위보를 할 때 상대에게 먼저 내라고 하고 나중에 지는 손 모양을 내는 것도 좋은 방법이다. 만약 상대가 보를 내면 이쪽은 주먹을 내야 한다. 아마 처음에는 쉽지 않을 것이다. 보에는 가위를 내야 한다고 사고 회로에 강하게 입력되었으니까 지는 손을 곧바로 내는 건 꽤 어려운 일이다. 그래도 몇 번 반복해서 사고계 뇌번지를 활용하면, 지는 손도 금방 낼 수 있게 된다.

뇌번지 훈련 6
주변 사람의 장점 세 가지 생각하기

배우자나 친구, 직장 상사나 동료, 가까운 사람의 장점을 세 가지 생각해 보자. 시간을 내어 상대에 관해 진지하게 생각해 보면 평소 그들을 바라보는 견해도 달라질 수 있다. 이

것이 뇌 훈련이다. 무조건 세 가지를 떠올리는 게 중요하다.

  불편하고 싫어하는 사람이라면 장점을 세 가지나 생각하는 것도 어렵다. 그래도 '그 사람, 하여간 쓸데없는 말을 많이 하는데 가끔 나한테 선물도 주고, 미워할 수 없는 면이 있지. 이야깃감도 풍부하고……'라는 식으로 어떻게든 세 가지를 찾으면 사고계 뇌번지가 힘차게 작용할 것이다.

이해계를
강화하는
훈련

뇌번지 훈련 7
일정을 세우고 이해하는 시간 갖기

인생을 즐기면서 살려면 집착하는 마음을 좀 더 미래로 향해야 한다. 그러려면 우선 생각할 시간을 확보해야 한다.

나는 일주일 중에 일요일과 월요일에 쉰다. 일요일 오전은 내 상황을 검토하고, 생각하고, 이해하는 시간이다. 이것은 이해계 뇌번지 훈련인데, 제대로 행동하지 못하는 운동계 집착을 개선하는 효과가 있다.

예전에는 진료와 미디어 취재, 책 집필 등으로 일정을 꽉 꽉 채웠다. 쭉 그랬더니 정신적인 여유를 잃어서 중대한 실수를 자주 저질렀고, 앞날을 전혀 생각할 수 없게 되었다.

몇 년 전부터 일요일에 일정을 정리하는 시간을 마련했다. 구체적으로 무엇을 했는지, 직장 달력과 내 수첩, 가족과 공유하는 달력에 일주일 분의 예정을 전부 적고 어떻게 진행할지 계획한다. 동시에 지난 일주일을 돌아보며 해낸 일과 하지 못한 일을 자세히 검증한다. 이제는 완전히 습관이 들어서 생각하는 시간을 따로 확보하지 못하면 위화감을 느낄 정도가 되었다.

매일 To Do 리스트를 작성해서 관리하는 사람이라도 주간·월간·연간 단위로 모든 계획을 세우지는 않을 것이다. 단위가 다르게 일정을 관리하는 습관을 들이면 이해계 뇌번지가 자극받아 시간 감각이 예리해진다.

뇌번지 훈련 8
제한 시간을 두고 책상이나 가방 정리하기

이해계 뇌번지를 단련하려면 '5분 안에 책상을 정리하기',

'10분 안에 가방을 정리하기'와 같은 시도가 효과적이다.

책상 위를 정리하려면 '책상 위에 무엇이 있는가?', '무엇을 어디에 넣는가?', '버릴 것은 무엇인가?'를 이해해야 한다. 이때 시각계 뇌번지와 이해계 뇌번지를 동시에 활용하게 된다.

시간 제한을 설정해 두는 것도 중요하다. 시간에 제약이 있으면 빠르게 이해하고 정리해야 하니까 뇌 작용도 더욱 활성화된다. '외출하기 전 5분간', '일을 시작하기 전 10분간'을 설정해 두면 압박감이 생겨서 더욱 효과적으로 이해계 뇌번지를 자극할 수 있다.

뇌번지 훈련 9
예산에 맞춰서 물건 사기

쇼핑할 때 미리 예산을 세워 그 범위 안에서 소비하도록 한다. 마트에 가기 전 '오늘 예산은 3만 원까지야' 등으로 구체적인 금액을 설정해 둔다. 마트에 가서는 '닭고기가 8,000원, 두부가 3,000원, 달걀이 4,000원이니까……' 하고 암산하며 장바구니에 상품을 담는다. 이런 계산은 이해계 뇌번지에 좋은 훈련이 된다.

예산이 있으면 원하는 것을 전부 사지 못하고, 두 가지 중에 뭘 선택할까 생각해야 한다. 이렇게 선택하는 과정을 통해 쇼핑을 진지하게 생각하게 된다.

뇌번지 훈련 10
숫자로 확인하기

건강법 같은 것을 맹신하는 사람에게는 과학적 고찰, 근거가 부족하다. 의심스러운 종교를 믿는 사람도 그런데, 올바른 정보가 부족하면 사람은 틀린 것을 쉽게 맹신하게 된다.

이럴 때는 우선 제대로 된 근거 없이 맹신하는 상황을 멈춰야 한다. 올바른 정보를 얻어 이해계 뇌번지를 작용하게 하고, '과학적인 근거가 있는 것을 믿는다'라는 방향으로 전환해야 한다. 특히 말만 듣고 무턱대고 믿는 것이 아니라 순서에 따라 숫자로 확인하는 습관을 들이려고 의식해야 한다.

가계부 계산이 맞지 않을 때를 예로 들어 보자. 그럴 때는 계산이 맞을 때까지 원인을 찾고 깜박하고 기록을 잊은 것이 없는지, 잘못 입력한 게 없는지를 확실하게 찾아내려 한다. 이렇게 숫자를 의식하는 습관을 들이면 이해계가 작용하기 쉬워진다.

'일찍 자서 수면 시간을 7시간 확보하면 기분 좋아져.'

'밤 9시에 자면 숙면할 수 있어.'

'오전 10시까지 청소를 마치면 효율적이고 집도 깨끗해져.'

그 결과로, 이렇게 사실과 결과의 관계를 깨달을 수 있게 된다.

뇌번지 훈련 11
서점에서 평소 안 읽는 책 살펴보기

서점에 가서 평소 절대 안 읽는 책을 보는 것도 이해계 뇌 번지 훈련이 된다. 물론 평범하게 책을 읽는 것도 이해계 뇌를 자극할 수는 있다. 다만 좋아하는 장르에 치우친 독서를 하면 이해의 폭이 한정적이게 된다. 그러니 평소 그냥 지나치는 코너에 가서 책 표지 등을 살펴보자.

예를 들어, 자동차 관련 코너에서 '커넥티드 카'라는 키워드가 눈에 들어왔다고 가정해 보자. 커넥티드 카란 인터넷에 상시 접속하는 자동차이다. 주행 중 차량 상태나 주변 도로 상황 등 데이터를 모으고 분석해서 실시간으로 활용한다. 그래서 사고가 났을 때 자동으로 긴급 통보를 하거나 주행 실적에 따라 보험료를 변동하는 등의 서비스를 제공한다.

자세한 사항은 몰라도 책을 들고 안을 살펴보고 판권이나 띠지 정보를 보면 대충 내용을 파악할 수 있다. 또 저자 프로필을 보면 어떤 경력이 있고 어떤 책을 썼는지 알 수 있다. 그런 것을 보고 어떤 주장을 하는지도 어느 정도 예측할 수 있다.

서점에서 다양한 장르의 책을 살펴보는 습관을 들이면 반드시 새로운 발견이 있으므로 이해력의 폭이 넓어진다.

뇌번지 훈련 12
인간관계의 기준 정하기

특히 인간관계에 집착해서 괴로운 사람은 이해계 뇌번지를 활용해 기준을 정하는 것이 중요하다. 예를 들어, 새해가 되면 인연 있는 사람들에게 연하장을 보내거나 연락을 하게 된다. 연락을 할 사람과 하지 않을 사람을 정해 보자.

- 퇴사한 뒤 3년 동안만 보내고 그 뒤에는 보내지 않겠다.
- 나한테 연하장을 보낸 사람에게만 보내겠다.

이렇게 기준을 정하고 실행한다. 명절 선물을 보낼 때도 마찬가지로 기준을 정한다. 기준이 있으면 인간관계도 알아서 정리된다. 이때는 스스로 판단해서 정하는 것이 중요하다.

뇌번지 훈련 13
불필요한 물건 처분하기

인간관계의 기준을 세우는 것과 마찬가지로 물건을 처분하는 기준을 세우는 것도 이해계 뇌번지가 잘 작용하도록 돕는다.

옷장 속에 몇 년은 안 입은 옷이 있다면 기준을 정해 정리해 보자. '두 계절이나 안 입은 옷이라면 버리기', '셔츠는 평일에 돌려 입게 다섯 벌만 두기' 등으로 정하고, 기준에서 벗어난 옷은 과감하게 재활용으로 내놓거나 처분한다. 책이나 잡지도 정기적으로 정리한다. 필요 없는 책은 중고 서점에 팔거나, 도서관에 기증하는 방법도 있다. 잡지는 필요한 정보만 스캔해서 데이터로 만들어 두어도 좋다.

다만 사람에 따라 물건을 보고 좋은 과거를 떠올릴 수도 있다. 보관할 것과 처분할 것을 적절히 구분해 진행해 보자.

뇌번지 훈련 14
10년 전에 읽은 책 다시 읽기

말을 이해할 때 필요한 좌뇌 이해게 뇌번지를 단련하는 좋은 방법이 '10년 전에 읽은 책 다시 읽기'이다.

독서는 원래 언어 이해력을 높이는 효과가 있다. 다만 멍하니 읽기만 하면 이해력이 깊어지지 않는다. 가능하면 같은 책을 반복해서 읽는 것이 이상적이다. 그럴 때는 최근에 읽은 책을 다시 읽기보다는 10년 이상 전에 읽은 책을 다시 읽는 것이 좋다.

10년간 뇌가 성장했으니까 과거에 읽은 책을 받아들이는 방식이 달라진다. 예전에는 깨닫지 못한 점을 깨닫기도 하고, 자기 견해가 달라진 걸 느끼기도 한다. 소설이라면 전에 읽었을 때와 다른 인물에 감정 이입하기도 할 것이다.

뇌가 성장했는지 알고 싶다면 지루하다고 느꼈던 책을 일부러 읽어 보는 것도 좋은 방법이다. 학창 시절 국어 교과서에서 읽은 유명한 소설 작품이라면 접하기 쉬울 것이다.

수업 시간에 읽으면서는 의미를 몰라 지루했는데, 어른이 된 후에 읽었더니 전혀 다른 인상을 받는 경우도 종종 있다. 예전과 다른 해석을 하면 당연히 재미를 느끼고, 전에는 왜 재미없다고 느꼈는지 분석할 수 있다. 이렇게 시간을 두고 책을 다시 읽는 행위는 이해계 뇌에 큰 자극이 된다.

뇌번지 훈련 15
방을 정리·정돈하고 배치 바꾸기

좌뇌 이해계 뇌번지는 주로 언어를 이해할 때 사용된다. 남에게 들은 말이나 문서로 읽은 것을 '이런 건가?' 하고 이해하는 것이다.

우뇌 이해계 뇌번지는 공간을 이해할 때 사용된다. 우뇌를 단련하고 싶다면 방을 정리·정돈하거나 가구 배치를 바꾸는 것을 추천한다. 방 넓이를 이해하고 침대나 책상 등을 '여기에 놓는 게 좋을까?'라고 생각하는 경험은 공간 이해력을 높인다.

방을 쭉 훑어보기만 해서는 적절한 배치를 생각하기 어렵다. 이럴 땐 우선 스케치북에 방 배치도를 그린다. 그리고 배치도에 가구도 그려 넣는다. 종이에 그리면 가구와 가구 사이에 얼마나 공간이 있는지, 창에서 거리가 어느 정도 떨어졌는지 인식할 수 있어서 이해계 뇌번지가 자극받는다.

배치도를 완성하면 가구를 깨끗하게 닦고 청소기를 돌린 후 배치를 바꾼다. 이때 어떤 순서로 가구를 움직이면 효율적인지 생각하는 것도 뇌를 크게 자극한다. 이해계 뇌번지가 잘 작용하도록 정기적으로 방 배치를 바꾸어 보자.

뇌번지 훈련 16
지역 활동 참여하기

권력이나 지위에 집착하는 사람에게 특히 추천하고 싶은 훈련법이다. 회사의 상하관계나 이해관계와 전혀 무관한 활동을 하는 것이다. 지역 청소 활동이나 아이 돌보기, 복지 자원봉사 등이 좋다.

나도 대학생 때부터 대학원에 다닌 6년간 혼자 지역 청소를 했던 경험이 있다. 매일 아침 5시 반에 일어나 집 앞부터 가까운 역까지 길을 빗자루로 쓸고, 여름에는 잡초도 뽑았다. 이렇게 청소하면 내가 사는 거리나 지역과 깊은 관계를 맺는다는 느낌을 받는다. 지금 생각해 보면 이때 자원봉사 활동의 경험이 내 이해계 뇌번지를 강화해 준 것 같다.

지역과 가까워지고 사익을 위해 활동하면 '오늘은 다른 날보다 아이들이 활기차네', '예전보다 사람들이 쓰레기를 함부로 버리는 일이 줄어든 것 같아' 같은 사소한 변화를 금방 깨닫게 된다. 이런 변화를 깨닫는 것이 이해계 뇌번지를 키운다.

※ ※ ※ ※

감정계를
강화하는
훈련

뇌번지 훈련 17
새로운 일 도전하기

불안정한 감정계 뇌번지를 단련하려면 뭔가 새로운 일에
도전하는 것이 좋다. 새로운 취미를 시작하거나 뭔가 배우는
학원에 다니거나 아르바이트를 시작하면 감정계가 집착하는
것 이외의 대상에 시간을 쓰게 된다.

취미를 시작하거나 학원에 다니기 부담스럽다면 '점심을
먹을 때 지금까지 안 가본 가게에 가 보기', '평소와 분위기가

다른 옷 입기' 등 사소한 일부터 도전해도 좋다. 머리 스타일을 바꾸는 것도 기분 전환하기 좋은 방법이다. 가능하면 처음 가는 미용실에서 평소에 자주하던 것과 다른 스타일을 해 달라고 해 보자.

새로운 미용실에서 머리를 자르려면 용기가 필요하다. '실패하면 어쩌지?' 싶어 두근거릴 것이다. 물론 머리가 이상해서 충격을 받을 가능성도 있는데, 그때 감정계 뇌번지도 분명 자극받게 된다.

뇌번지 훈련 18
칭찬 노트 만들기

자기만의 '칭찬 노트'를 만들어서 매일 '나를 칭찬해야지'라고 생각한 것을 기록해 보자. '친구와 오랜만에 만났다', '전철에서 노인에게 자리를 양보했다' 등 아무리 소소한 일이라도 괜찮다. 다른 사람에게 칭찬받았다면, 그때 상황이나 들은 말을 적어 두는 것도 좋다.

우울할 때 '칭찬 노트'를 보면 기분이 좋아져서 안정적인 감정을 얻을 수 있다.

뇌번지 훈련 19
반려동물이나 반려식물에게 말 걸기

감정계 뇌번지는 사람과 대화할 때 자극받는데, 사람과 만날 기회가 적다면 반려동물이나 식물에게 말을 거는 것도 좋다. 말을 거는 행위 자체가 동물과 식물의 기분을 생각하며 감정표현을 하는 것이기 때문이다. 농업에 종사하는 분 중에는 농작물에 말을 걸며 키우는 사람도 있다고 한다.

나도 집에서 키우는 관엽식물에 말을 걸어 본 적이 있다. 식물 성장에 도움이 되는지는 잘 모르겠지만 "요즘 건강해졌구나", "물을 좀 더 줄까?" 같은 말을 걸면 식물도 내 말에 응답해서 성장하는 것 같고, 그러면 자연스럽게 마음이 편해져서 감정이 온화해지는 것을 느꼈다. 식물이 성장하는 모습을 차분히 관찰하는 것도 시각계 뇌번지를 자극한다.

식물이 아니라 키우는 반려동물, 어항 속 물고기도 괜찮다. 특히 동물은 말을 걸면 반응해 주니까 의사소통하기 더욱 쉬울 것이다.

※ ※ ※ ※

전달계를
강화하는
훈련

뇌번지 훈련 20
나만의 레시피로 만든 요리 사람들에게 대접하기

나만의 레시피로 만든 요리를 대접하는 시도는 전달계 뇌번지를 크게 자극한다. 사람은 말 이외에 몸짓이나 손짓이나 표정 등으로도 의사소통한다. 즉, 말하기 이외의 행위로도 전달계를 훈련할 수 있는 것이다.

손님을 위해 요리할 때 우리는 '어떻게 하면 맛있는 요리를 만들 수 있을까?', '그 사람은 어떤 맛을 선호할까?', '접시에 담을 때 어떻게 하면 좋아할까?' 같은 생각을 열심히 한다. 이는 상대방을 배려하려는 마음이며 요리를 통해 사람과 의사소통하려는 것이다. 요리로 나와 상대방을 연결하는 행위가 전달계 뇌번지를 활성화한다.

특히 처음 만든 요리는 어떤 맛을 넣을지부터 시작해 조리법의 자유도가 높아서 뇌를 잔뜩 활용하게 된다. 높은 훈련 효과를 얻을 수 있으므로 강력하게 추천한다.

뇌번지 훈련 21
가게 직원에게 말 걸기

코로나 유행 이후로 집에 머무는 시간이 길어지며 사람들과 의사소통하는 기회가 줄어들었다. 말할 기회가 줄어 전달계 뇌번지가 약해지면, 말이 잘 안 나오게 된다. 오랫동안 혼자 살거나 재택근무 중심인 사람은 특히 주의해야 한다.

의사소통 기회가 줄었다면 쇼핑할 때나 레스토랑에서 밥을 먹을 때 직원에게 용기 내 말을 걸어 보자. "이 생선, 산지가 어딘가요?", "혹시 추천 메뉴 있을까요?", "장사를 오래 하신 것 같은데, 창업한 지 몇 년이나 되셨어요?" 같은 질문을 통해 의사소통을 할 수 있다.

모르는 사람에게 말을 걸면 어떤 반응이나 대답이 돌아올지 모르니까 전달계 뇌번지가 크게 자극 받는다. 즐기면서 도전해 보기를 바란다.

뇌번지 훈련 22
소리 내어 책 읽기

눈으로 얻은 정보를 소리 내어 읽는 행위는 완벽한 전달계 뇌번지 훈련이라고 할 수 있다. 소리 내어 읽는 것은 전달계 뇌번지뿐 아니라 문장을 시각으로 포착하는 시각계, 문장 의미를 이해하는 이해계, 읽은 문장을 기억하는 기억계, 입을 움직이는 운동계 등 여러 뇌번지를 한꺼번에 활용한다. 나는 소리 내어 읽는 것을 잘하지 못해서 어려서부터 고생했는데, 조사 등을 일부러 강조하는 읽기법을 발견한 뒤로 의학부에 합격할 정도로 좋아졌다.

책은 무엇이든 좋은데, 읽을 때 자기 목소리를 자기 귀로 똑똑히 듣는 것이 중요하다. 어린이용 동화나 작품을 읽는 것도 신선하고 즐겁다. 동화책을 자녀나 손주에게 읽어 주는 것도 좋겠다. 매일 소리 내어 읽다 보면 하고 싶은 말을 부드럽게 할 수 있게 된다.

운동계를
강화하는
훈련

뇌번지 훈련 23
일단 걷는 습관 들이기

운동계 뇌번지를 강화하는 가장 기본적인 훈련은 걷기이다. 매너리즘에 빠진 것 같다면 일단 10~15분 정도 걸어 보자. 그냥 걷는 게 아니라 보폭을 넓히거나 속도를 내면 운동계 뇌번지가 자극받기 좋다.

계단을 올라가거나 내려갈 때도 편하게 에스컬레이터를 타지 말고 계단을 이용해 보자. 계단이 있으면 '기회다!'라고 생각하면 좋겠다. 주변 사람을 잘 살피며 두 계단씩 올라가는 것도 좋은 운동이 된다. 허리와 다리도 튼튼해지고, 시간 절약도 되니까 장점이 많다.

하굣길이나 퇴근길에 내려야 할 역보다 하나 앞에서 내려 걷는 습관을 들이는 것도 추천한다. 전철로 달리면 순식간이지만, 차분하게 걸으면 다양한 가게와 독특한 주택 등이 눈에 들어와 이런저런 발견을 할 수 있다. 새로운 것에 두근거리며 걸으면 뇌가 전체적으로 활성화한다.

뇌번지 훈련 24
평소 쓰는 손이 아닌 손으로 양치하기

오른손잡이는 왼손, 왼손잡이는 오른손으로 양치해 보자. 또 칫솔을 움직일 때 평소와 다른 방향으로 움직이거나 손끝을 회전해 보는 것도 좋다.

쓰는 손과 반대 손을 쓰면 평소 당연하게 하던 양치질이 신선한 행동으로 바뀌어 '양치질이 생각보다 어렵네'라고 느끼게 된다. 이 신선한 감동이 운동계 뇌뿐 아니라 뇌 전체가 활성화하도록 돕는다.

어느 정도 양치질을 한 다음, 쓰는 손에 칫솔을 쥐고 마무리하면 된다. 칫솔질 이외에 연필이나 젓가락을 쓸 때, 화장실을 청소할 때 등등 평소 쓰는 손과 반대 손을 써 보면 좋다.

뇌번지 훈련 25
일상생활에서 대화 늘리기

'운동'이라고 하면 스포츠 이미지가 강한데, 입을 움직여 대화하는 것도 훌륭한 운동이다. 말할 때 입 근육을 쓰는 것을 '구강 운동'이라고 하는데, 이 구강 운동은 운동계 뇌번지 훈련으로 이어진다.

평소 친구나 가족과 대화할 때도 종일 스마트폰 메시지로 하는 사람은 입을 거의 움직이지 않고 생활할지도 모른다. 이래서는 운동계 뇌번지를 활용하지 못하므로 쇠약해지는 일만 남았다.

가족이나 직장 사람에게 적극적으로 말을 걸어 대화할 기회를 늘려 보자. 이때 아나운서처럼 또박또박 발음하도록 의식해 보면서 하면 좋다. 그러면 입을 크게 움직이게 되기 때문이다.

뇌번지 훈련 26
여행을 떠나 새로운 기억을 만들기

앞서 설명했듯이 뇌는 새로운 기억에 크게 영향받는 구조이다. 또 기억을 반복해서 떠올리면 뇌는 그 기억을 중요 사항이라고 판단해 점점 더 강화한다.

뭔가 일이 잘 안 풀리거나 과거에 겪은 일이 떠올라 기분이 나빠질 때는 밖으로 나가 새로운 기억을 만들어 보자. 특히 여행은 시시때때로 바뀌는 상황에 대처해야 하므로 의식을 몸에 쏟게 되어 운동계 뇌번지를 강화할 수 있다.

나는 뇌 연구를 하다가 프로젝트 하나가 잘 안 풀렸을 때 곧바로 다른 프로젝트를 시작했다. 또 의사로서 응급 환자를 진료해야 할 때는 뇌 활동이 일제히 눈앞의 환자를 구해야 한다는 방향으로 전환되므로 그 전에 있었던 일에 전혀 상관하지 않게 되는 경험을 숱하게 했다.

자꾸만 과거에 있었던 일을 떠올리는 상황이라면 일단 지금까지와 다른 행동을 해 보는 것이 중요하다. 새로운 경험을 쌓다 보면 과거의 사건에 품은 감정이 달라지기를 기대할 수 있다.

※ ※ ※ ※
시각계를
강화하는
훈련

뇌번지 훈련 27
회사나 학교에 가는 길 바꾸기

통근이나 통학하는 길을 바꾸는 것은 시각계에 좋은 훈련이다. 평소와 같은 길을 걸으면 머리를 별로 쓰지 않아도 도착할 수 있으므로 시각계 뇌가 전혀 쓰이지 않는다.

때때로 다른 길로 가 보자. 평소와 다른 길을 지나면 "여기는 이런 꽃이 피었네?", "새로운 가게가 생겼구나!" 같은 발견이 있다. 새로운 정보가 눈에 들어오므로 시각계 뇌번지가 자극받는다. 길을 헤매지 않으려고 주의를 기울이고, 사람이 많은 곳에서는 부딪히지 않고 걸으려고 하니 평소와 다른 긴장감을 느껴 뇌 전체를 활용하게 된다.

또 평소와 똑같은 길이라도 휴일에 걷거나 시간대를 바꾸어 보는 방법도 평소와 다른 광경을 볼 수 있어서 시각계 뇌번지가 자극받게 된다.

뇌번지 훈련 28
스포츠 경기 관전하기

인간의 각성은 시각계 뇌번지와 연결된다. 스포츠 경기에서 훌륭한 플레이를 보면 놀라서 눈이 번쩍 뜨인다. 말 그대로 각성한 상태이다. 직접 운동할 때도 시각을 쓰는데, 새롭고 충격적인 영상을 보는 것도 한 가지 방법이다.

뇌번지 훈련 29
걸으며 숫자 7 발견하기

쇼핑하러 갈 때, 간판이나 표지판을 보며 "숫자 7을 발견하자"라는 목표를 설정해 보자. 7이 아닌 숫자나 다른 문자도 당연히 좋다. 목표를 설정하면 눈을 움직여 정보를 찾으려는 스위치가 켜져서 시각계 뇌번지 중 공간을 파악하는 뇌번지를 활용하게 된다.

이를 좀 더 응용해서 버스나 전철을 탄 상태로 바깥의 간판을 보고 문장을 읽거나 숫자를 찾는 것을 추천한다. 동체 시력도 좋아질 것이다.

시각계 뇌번지 훈련 30
길에서 본 사람의 인생 추리하기

사람이 많은 길을 걸을 때 우리는 보통 지나가는 사람에게 일일이 주의를 기울이지 않는다. 뇌에 부담을 주지 않기 위해서 뇌가 시각 정보를 차단하는 것이다.

지나간 사람을 관찰하고 '어떤 사람일까?'라고 생각하는 것은 시각계 뇌번지에 좋은 훈련이 된다. 지나가는 사람의 직업이나 성격, 목적지 등을 추리하려면 복장이나 소지품, 표정이나 분위기를 관찰해야 한다. 정답은 당연히 알 수 없지만, 열심히 추리하는 노력이 시각계 뇌번지를 활성화한다.

다만 상대방을 집요하게 바라보면 문제가 생길 수 있으니 너무 과하지 않게 조심해야겠다.

뇌번지 훈련 31
그림을 그려 상황 정리하기

만약 청각계가 강해서 부정적인 말에 주의가 쏠리는 사람이라면, 실제 들은 말의 뒤편에 무엇이 있는지 생각하고 시각계 뇌번지를 활용해서 전체적인 상황을 그림으로 그려 정리해 보자.

그림으로 그려 보면 "직장 상사, 어쩌면 내가 성장하길 바라니까 조금 날카로운 말을 던졌을지도 몰라" 또는 "그렇게까지 심하게 말할 이유가 없었어. 내가 옳았으니까 괜히 위축되지 않아도 돼"와 같은 식으로 냉정하게 파악할 수 있다.

부정적인 말에 자꾸 연연하는 사람은 다른 사람의 표정에 쉽게 영향을 받는 경향이 있다. 타인의 감정은 이해하는데, 반대로 자기감정에는 미숙해서 타인의 평가에 의존하기 때문이다.

자기감정이 약한 사람이라면 좋아하는 그림이나 사진 등

을 골라 감상을 써 보는 방법도 추천한다. 좋아하는 그림이나 사진을 고르는 것은 자기감정을 강화하는 것으로 이어진다. 겉으로 보고 좋아하는 것을 판단하고 좌뇌로 감상을 언어화하면 감정을 표현하는 힘도 익힐 수 있으니 점점 더 자기감정이 강해질 수 있다.

청각계를
강화하는
훈련

뇌번지 훈련 32
자기 전에 라디오 듣기

청각계 뇌번지를 훈련하려면 귀에만 집중하는 시간을 마련하는 것이 효과적이다. 밤에 잘 때 불을 끄고 라디오를 틀고 자는 것을 추천한다. 어두운 방에서 눈도 몸도 움직이지 않고 라디오를 들으면 청각에만 집중할 수 있게 된다.

도중에 잠들어도 괜찮도록 2~3시간 후 꺼지도록 타이머를 맞추고, 수면을 방해하지 않는 음량으로 조절한다. 라디오

진행자의 말을 들을 때 우리는 '다음에 무슨 말을 할까?' 하고 예측하게 된다. 이는 대화하기 위한 좋은 훈련이 된다. 또 매일 라디오를 듣는 사람의 과반이 청각계 뇌번지의 좌뇌가 발달했다는 실험 결과도 있다.

뇌번지 훈련 33
멀리 떨어진 자리의 대화에 귀 기울이기

카페나 레스토랑에서 조금 떨어진 자리에 앉은 모르는 손님의 대화에 귀를 기울여 보자. 사람의 귀에는 듣고 싶은 소리만 선택해서 골라 듣는 엄청난 능력이 있다. 듣고 싶다는 의지를 지니고 귀를 기울이는 것이 청각계 뇌번지를 크게 자극할 수 있다.

들은 대화를 바탕으로 어떤 사람들인지, 어떤 관계인지 추측해 보자. 약간의 정보에서 이런저런 상상을 끌어내면 사고계 뇌번지나 이해계 뇌번지도 동시에 활성화한다. 다만 다른 사람에게 폐가 되지 않는 범위에서 하기를 바란다.

※ ※ ※ ※
기억계를
강화하는
훈련

뇌번지 훈련 34
타이머를 맞춰 하루 계획 실행하기

예정을 세우는 것은 '미래 기억 만들기'로 이어진다. 아침에 눈을 뜨면, 취침 시간부터 거꾸로 계산해서 'ㅇ시에 샤워, ㅇ시에 저녁 식사, ㅇ시에 퇴근, ㅇ시에 출근······'과 같은 식으로 자세하게 계획을 세우는 것이 핵심이다.

예정을 종이에 적고 머릿속에 입력한 뒤 타이머를 들고 다니며 하루를 보낸다. 타이머로 시간을 확인하며 예정대로 행동하고 있는지 확인하는 것이다. 정해 둔 시간이 되면 예정한 다음 행동을 시작하는 것을 반복한다. 이렇게 하면 생산성이 높아지고 시간에 쫓기는 일도 사라지게 된다.

뇌번지 훈련 35
새로운 말 고안하기

코로나 유행 후로 '환기가 안 되는 밀폐된 공간, 많은 사람이 밀집한 공간, 가까운 거리에서 밀접한 대화를 피하는 행동 수칙', '사회적 거리 두기', '코로나 뉴노멀(코로나 유행과 함께 비즈니스의 비대면화나 온라인화, 사회적 거리두기 실천 등 달라진 생활 양상이 새로운 시대의 표준이 된다는 뜻—옮긴이)' 같은 신조어가 하나둘 나왔다. 이 신선한 단어가 순식간에 퍼지는 모습은 볼 때마다 놀라웠다.

이런 식의 새로운 말을 직접 만들어 보자. 새로운 말을 생각하는 작업은 기억과 관계없을 것 같은데, 사실은 관련이 아주 깊다. 왜냐하면 새로운 말은 반드시 예전 개념이 있어야만 나오는 것이기 때문이다. 과거의 단어를 떠올려야만 새로운 말이 나온다.

새로운 말을 생각하는 작업은 단순히 말을 생각하는 것보다 기억계 뇌번지를 더 많이 활용할 수 있다. 한번 도전해 보기를 바란다.

뇌번지 훈련 36
어제 있었던 일 중 베스트 3 생각하기

우리는 최근에 일어난 일을 금방 잊어버린다. "어제 저녁에 뭐 먹었어?"라고 누가 물어 보면 "어라, 뭘 먹었더라……" 하고 고민한 적이 많을 것이다. 어제 사건을 기억하는 작업은 기억계 뇌번지를 단련하기 아주 좋은 훈련이다.

아침에 일어났을 때 어제 있었던 일을 떠올리고 '좋았던 일 베스트 3'을 꼽아 보자. 처음에는 세 개를 찾는 게 힘들 텐데, 이 고생이 뇌를 자극해 준다. 생각난 일을 노트 등에 적어 나중에 다시 보는 것도 좋다. 이 훈련을 매일 해 보기를 추천한다.

뇌과학 하나만 알면
더 이상 걱정할 필요 없다

우선 이 책을 끝까지 읽어 주어서 고맙다는 인사를 전한다.

요즘 일본에서는 뇌의 집착에 관한 책이 많이 출간되는 추세이다. 제목에 '집착'이라는 단어 없이 걱정과 불안을 주제로 한 책도 많은데, 어떤 대상에 완전히 사로잡힌 상태라 마음에서 떠나지 못한다는 의미에서 대부분 집착을 주제로 삼는다고 볼 수 있다. 그만큼 집착 때문에 고생인 사람이 많다는 것이다.

집착 때문에 고민하고 괴로워하는 사람들은 집착을 놓아 버리면 행복해진다고 생각하기 쉽다. 그래서 열심히 집착을 놓는 방법을 찾는다.

자, 이 책을 읽은 여러분은 이제 이해할 수 있을 것이다. 인간의 뇌 구조 자체가 애초에 집착하도록 작용하기 쉽다는 것을 말이다. 뇌의 작용은 집착과 떼려야 뗄 수 없는 관계이며 뇌번지별로 집착이 생겨나는 것 또한 이해했을 것이다.

인간은 살아 있는 한 계속 집착하고 걱정을 만들어 낸다. 우리는 개개인의 경험이나 기억에 따라 자기만의 다양한 집착을 형성한다. 좋은 집착을 품어 인생의 기폭제로 삼고 꾸준히 성장하는 사람도 있고, 나쁜 집착을 품어서 괴로워하는 사람도 있다.

내가 강조하고 싶은 바는, 어느 쪽의 집착을 품었든 스스로 집착을 다시 선택할 수 있다는 것이다. 또 집착을 다시 선택하면 뇌의 작용이 달라지기도 한다.

뇌를 진지하게 살펴보지 않고 집착하는 고민 자체만 해결하려고 하면 오히려 문제가 심각해질 우려가 있다. 본인 뇌의 습관을 알고, 이 책에서 설명한 뇌 사용 방식이나 뇌번지 훈련을 실천해 보자. 그러면 누구나 나쁜 집착을 버리고 좋은 집착을 선택할 수 있다.

우리 뇌는 몇 살이든 계속 성장한다. 또 집착을 바꾸어 나가는 힘을 지녔다. 이 책을 통해 여러분이 자기 뇌를 제대로 인식하고, 좋은 집착을 선택해 걱정 없고 활기찬 인생을 살아가기를 간절히 바란다.

마음의 활기를 되찾아 줄 뇌과학 수업

걱정 *끄기* 연습

1판 1쇄 2023년 11월 6일
1판 2쇄 2023년 12월 18일

지은이 가토 토시노리
옮긴이 이소담
펴낸이 유경민 노종한
책임편집 김세민
기획편집 유노책주 김세민 이지윤 **유노북스** 이현정 함초원 조혜진 **유노라이프** 박지혜 구혜진
기획마케팅 1팀 우현권 이상운 **2팀** 정세림 유현재 정혜윤 김승혜
디자인 남다희 홍진기
기획관리 차은영
펴낸곳 유노콘텐츠그룹 주식회사
법인등록번호 110111-8138128
주소 서울시 마포구 월드컵로20길 5, 4층
전화 02-323-7763 **팩스** 02-323-7764 **이메일** info@uknowbooks.com

ISBN 979-11-92300-93-1 (03190)